HERMÈS
PASTEUR DE VIE

Gilbert Andrieu

HERMÈS
PASTEUR DE VIE

Du même auteur

Aux éditions Actio

L'homme et la force, 1988.
L'éducation physique au XXe siècle, 1990.
Enjeux et débats en E.P., 1992.
À propos des finalités de l'éducation physique et sportive, 1994.
La gymnastique au XIXe siècle, 1997.
Du sport aristocratique au sport démocratique, 2002.

Aux Presses universitaires de Bordeaux

Force et beauté. Histoire de l'esthétique en éducation physique aux 19e et 20e siècles, 1992.

Aux éditions L'Harmattan

Les Jeux Olympiques un mythe moderne, 2004.
Sport et spiritualité, 2009.
Sport et conquête de soi, 2009.
L'enseignement caché de la mythologie, 2012.
Au-delà des mots, 2012.
Les demi-dieux, 2013.
Au-delà de la pensée, 2013.
Œdipe sans complexe, 2013.
Le choix d'Ulysse : mortel ou immortel ?, 2013.
À la rencontre de Dionysos, 2014.
Être, paraître, disparaître, 2014.
La preuve par Zeus, 2014.
Jason le guérisseur au service d'Héra, 2014.
Pour comprendre la Théogonie d'Hésiode, 2014.
Héra reine du ciel. Suivi d'un essai sur le divin, 2014.
Héphaïstos, le dieu boiteux, 2015.
Perséphone reine des Enfers. Suivi d'un essai sur la mort, 2015.

© L'Harmattan, 2016
5-7, rue de l'Ecole-Polytechnique, 75005 Paris

http://www.harmattan.fr
diffusion.harmattan@wanadoo.fr

ISBN : 978-2-343-08976-8
EAN : 9782343089768

UN FLÛTISTE AIMÉ DE TOUS

Commençons par parler de Pan avant de parler d'Hermès, autrement dit du fils avant de parler du père. M. Grant et J. Hazel, dans le Who's Who de la Mythologie écrivent :
« *Dieu des pâturages et plus particulièrement des moutons et des chèvres. Comme son père Hermès, Pan avait des liens étroits avec l'Arcadie. Son nom évoque sa fonction pastorale et signifie " berger " ou, littéralement " nourricier " (en grec archaïque paon). Dans l'Antiquité, il existait de nombreuses filiations pour Pan. On lui attribua comme père Hermès, Zeus, Apollon, Cronos et d'autres ; sa mère était Callisto ou Pénélope (peut-être une fille de Dryops), ou Hybris, ou encore une chèvre.*[1] »
Pour moi il est le fils d'Hermès, peut-être même sont-ils ensemble une seule et même divinité.

Ce titre peut surprendre, mais il se rapporte aux mélodies qui peuvent s'entendre au loin lorsque l'on joue de la flûte. La flûte est une invention d'Hermès, mais on l'attribue aussi à Pan qui était son fils. Parce que je suis flûtiste, je suis probablement plus sensible à son charme et trouve dans les mélodies de cet instrument tout ce qu'il faut pour dissiper les angoisses que le temps ne cesse de faire naître en nous secrètement. La flûte possède la capacité de remplir d'émotion

---

[1] GRANT M., HAZEL J. *Le Who's Who de la mythologie. Les dieux, les héros, les légendes*. Paris, Seghers, 1975, p.308.

et d'amour un espace qui semble ne pas avoir de frontière. Ses mélodies s'envolent et flottent dans les airs en défiant le temps, car, plus peut-être que d'autres instruments, elles sont immatérielles et, loin de toute prétention, atteignent le cœur sans éveiller le moindre raisonnement. Lorsque je jouais le « Chardonneret » de Vivaldi, je ne devenais pas un oiseau, concrètement, mais je m'envolais comme si ma flûte me donnait des ailes. Que dire de « Syrinx » de Claude Debussy qui me faisait pénétrer dans un monde dont je finissais par ignorer les contours et les volumes ? Comment parler du concerto pour flûte et harpe de Mozart ? Comment parler de cet échange divin entre les deux instruments qui se rapprochent rapidement pour chanter un véritable duo d'amour ? Comment oublier les « Lamentations d'Orphée » de Gluck qui nous communiquent les sentiments de cet amoureux qui a su convaincre les dieux de libérer son épouse Eurydice, mais qui a commis, hélas, la faute irréparable de douter de leur parole ?

La flûte est un instrument qui chante, mais aussi qui galope, qui fait des arabesques, qui saute de rocher en rocher au milieu de la nature ou monte tout droit vers le ciel, comme Pégase, pour le remplir de lumière. Avec elle, on peut sortir de son moi étriqué, d'un labeur exténuant pour devenir aussi léger que le plus agile des enfants d'Éole. Comme Psyché soulevée par Zéphyr, notre âme se laisse transporter dans le palais le plus accueillant où chaque note devient une source de bonheur.

Si je commence ce livre en essayant de mettre en valeur ce qu'apportent les sonorités de la flûte c'est parce qu'elles sont la meilleure visualisation possible de la divinité qui m'interpelle aujourd'hui. Comme une mélodie jouée par la flûte, Hermès est certainement l'Olympien le plus aérien, le plus insaisissable, celui qui nous transporte le mieux aussi bien jusqu'au Ciel qu'en Enfer, tout près des morts et de Perséphone qui en est la gardienne. Il est le dieu qui apparaît ou disparaît avant même que nous puissions comprendre pourquoi il nous veut du bien ou cherche à nous instruire. Dieu de tous les carrefours, il est d'abord, pour celui qui joue, la divinité qui le guide lorsqu'il se saisit de sa flûte et cherche dans ses mélodies l'oubli d'une pesanteur académique. Il est cette force qui conduit au-delà des sons, des mélodies, des sensations qu'elle provoque, de tout effort d'interprétation. Il est le dieu qui fait oublier à la fois l'instrument, la partition et celui qui en joue.

La flûte, surtout celle de Pan, celle qui est faite de roseaux, est par excellence un instrument de berger. Sa modestie accompagne la douceur des pâturages et la paix qui règne dans le cœur des bergers. Or Hermès est d'abord une divinité pastorale et nous pourrions aisément le rencontrer en nous promenant le soir, à la tombée de la nuit, en pleine nature alors que les bruits de la journée se sont peu à peu endormis. Il faut observer naturellement les étoiles un soir d'été pour l'imaginer près de nous.

C'est vrai que l'on attribue ordinairement la flûte au dieu Pan, mais qui était-il ?

Le *Dictionnaire des Symboles* nous dit :

« *Dieu des cultes pastoraux, d'apparence à moitié humaine, à moitié animale ; barbu, cornu, velu, vif, agile, rapide et dissimulé ; il exprime la ruse bestiale, il est à l'affût des nymphes et des jeunes garçons, qu'il assaille sans égards ; mais sa faim sexuelle est insatiable et il pratique aussi la masturbation solitaire. Son nom, Pan, qui signifie tout, lui fut donné par les dieux, non seulement parce que tous lui ressemblent dans une certaine mesure par leur avidité ; mais aussi parce qu'il incarne une tendance propre à tout l'univers. Il serait le dieu de tout, indiquant sans doute l'énergie génésique de ce tout, ou le tout de Dieu, ou le tout de la vie.* [2] »

Cette première présentation nous laisse entendre qu'il n'est pas seulement un démon qui pourchasse les nymphes ou les jeunes garçons, mais qu'il représente, comme les autres divinités, la force la plus importante de tout l'univers, celle qui permet la continuité de la vie, la reproduction des espèces et de l'homme en particulier. N'oublions pas que les aèdes sont d'abord des hommes et que leurs légendes sont leurs créations. En nous brossant le portrait de Pan, ils ont certainement voulu

---

[2] CHEVALIER J., GHEERBRANT A. *Dictionnaire des Symboles. Mythes, rêves, coutumes, geste, formes, figures, couleurs, nombres.* Paris, Robert Laffont/Jupiter, 1982, p.724.

nous rappeler que l'acte d'amour était fondamental et qu'il n'était pas propre aux mortels que nous sommes. Pan manifeste cette énergie qui se trouve dans la nature, dans la matière que Gaia fut la première à personnifier si l'on fait référence à la *Théogonie* d'Hésiode[3]. Comme le bélier, le bouc symbolise cette force.

Dans un « Hymne » attribué à Orphée, nous découvrons qu'il est imploré pour chasser la Panique [4] ! En reprenant l'hymne, nous retrouvons ces caractéristiques qui font de lui une divinité particulière, attachante par ses multiples contrastes.

« *J'invoque Pan l'impétueux, le pastoral, l'universel,*
Qui est ciel, qui est mer, terre souveraine, feu immortel...
Viens, toi le Bondissant, tournoyant compagnon des Heures,
Chèvre-pied, enthousiaste bacchant, roi de Champêtre,
Qui fait délirer la nature par tes folâtres airs,
Maître des illusions, instigateur des terreurs,
Qui aime près des sources ô surprendre bergers et bouviers...
Tes noms sont innombrables, ô universel géniteur,
Prodigue fécondateur, ombrageux fervent des cavernes,
Zeus porteur de cornes...
Toi dont l'œil si perçant parcourt les sommets.
Ces multiples bienfaits, c'est toi qui les ordonnes,
Qui provoques et prévois la marche de la nature... [5] »

---

[3] HÉSIODE *Théogonie. La naissance des dieux*. Traduit du grec par Annie Bonnafé. Précédé d'un essai de Jean-Pierre Vernant. Paris, Rivages poche/Petite Bibliothèque, 1993.

[4] On parle souvent d'une terreur panique. Le mot est toujours utilisé, mais rares sont ses utilisateurs qui le font remonter jusqu'à Pan qui passait pour troubler les esprits. Il s'agit souvent d'une terreur extrême et soudaine, totalement irraisonnée et souvent collective. Elle engendre la déroute, la fuite, le désordre. M. Grant et J. Hazel nous disent à ce propos : « *Il apparaissait parfois comme une divinité effrayante, en particulier il se fâchait si on le dérangeait pendant son sommeil tant la nuit que durant la chaleur du jour.* » (p.309)

[5] ORPHÉE *Hymnes. Discours sacrés*. Présentation, traduction et notes, Jacques Lacarrière. Paris, Imprimerie Nationale, 1995, p.59.

Mais c'est avec l'« Hymne à Pan » attribué à Homère que nous apprenons qu'il serait le fils d'Hermès. Ses caractéristiques restent les mêmes : rapide, léger, folâtre, amoureux. Il est révéré par les pasteurs et se laisse charmer par les Nymphes aux pieds légers. Retenons cette allusion à sa musique ;

« *Quelquefois, à la nuit close, les chasseurs rentrant au logis l'entendent jouer de son pipeau : sa musique est délicieuse, elle séduit tant les cœurs qu'elle surpasse en douceur le chant de l'oiseau nocturne qui laisse tomber comme une pluie dorée, sur les près fleuris du printemps, sa tendre plainte langoureuse.* [6]»

Rappelons surtout ce que nous dit l'auteur en parlant d'Hermès lorsqu'il vint le présenter aux Bienheureux :

« *Ils chantent Hermès le bienfaisant, messager rapide des dieux. Ils racontent comment il parvint un jour dans l'Arcadie moutonneuse aux mille cours d'eau riants, ou comment on lui érigea au temple vénérable, sur le grand mont Cyllène, son domaine. En ces lieux, jadis, et malgré sa divinité, il fut contraint de garder les troupeaux d'un simple mortel : chèvres et brebis aux toisons poudreuses. Dans leurs hymnes, ils racontent encore le tendre désir amoureux qui, un jour, s'empara de son cœur lorsqu'il aperçut la fille de Dryops, la Nymphe aux beaux cheveux, et comment, après avoir longtemps soupiré, il sut la persuader de lui ouvrir sa couche. De lui, elle conçut un fils dont l'aspect, lorsqu'il naquit, était repoussant et monstrueux. Elle s'enfuit d'un bond, celle dont le devoir était de le nourrir, tant sa frayeur fut grande à la vue de cet enfant échevelé et barbu. Mais Hermès le bienfaisant le prit aussitôt dans ses bras, ravi jusqu'au fond de l'âme. Il enveloppa son fils dans l'épaisse fourrure d'un lièvre des montagnes et se hâta vers l'Olympe aux lourds nuages où siègent les Immortels pour présenter à Zeus son enfant nouveau-né. Il s'assit au milieu de l'assemblée des dieux, et tous se réjouirent à la vue de ce petit visage rieur. Dionysos Bacchos le chérit plus que tous les*

---

[6] HOMÈRE *Des Héros et des Dieux (Hymnes)*. Traduit du grec et présenté par François Rosso. Paris, arléa, 1993, p.128.

autres réunis. On lui donna le non de Pan parce qu'il s'était fait aimer de tout l'Olympe. » (p.129)

Il est compréhensible de voir les poètes se saisir de cette légende et de faire l'éloge de cette divinité qui réjouit les cœurs par ses grimaces, mais aussi plus encore peut-être par sa musique. L'« Hymne à Hermès », attribué à Homère, est bien postérieur à la vie du poète qui écrivit l'*Iliade* et l'*Odyssée*[7]. Comme le dit François Rosso, l'Hymne est ainsi appelé parce qu'il célèbre une divinité et il est homérique parce qu'il imite les poésies d'Homère. Il n'est pas utile de faire l'étude de tous ceux qui ont agrémenté la légende, ni de s'efforcer de remonter le temps pour tenter de retrouver ses origines. Il reste que les aèdes des temps anciens devaient psalmodier leurs récits devant des hommes plus ou moins incultes, plus ou moins croyants et que le plus important était de donner de chaque divinité un portrait saisissant et assez constant pour leur permettre de cheminer, grâce aux images, au milieu d'un ensemble plutôt compliqué, pour ne pas dire confus. Pan est probablement devenu une divinité plus facile à imaginer, plus facile à comprendre parce que plus proche d'un comportement humain ordinaire. - Hermès pourrait être considéré en effet comme une puissance immatérielle. - Il devait être plus facile d'imaginer ou de se représenter un dieu mi-homme, mi-bête, lorsque l'on était un simple mortel encore dominé par les forces ou les fantaisies de la nature.

À vrai dire, les aèdes ne pouvaient que prendre en compte une réalité du monde pastoral, s'appuyer sur des observations que presque tout le monde pouvait faire. Au moment où ils imaginent leurs légendes, c'est pour instruire leurs semblables, mais c'est aussi pour mettre en valeur ce qui leur permet de construire un monde meilleur. Les aèdes n'étaient pas tous des bergers, comme le fut Hésiode si l'on en croit ses propos, mais ils étaient proches de la nature et

---

[7] HOMERE *Iliade*. Préface de Pierre Vidal-Naquet. Traduction de Paul Mazon. Paris, Gallimard, 1975.
HOMÈRE *Odyssée*. Préface de Paul Claudel. Traduction de Victor Bérard. Introduction et notes de Jean Bérard. Paris, Gallimard, 1955.

n'ignoraient rien des transformations de la société qui, en se sédentarisant, n'avait rien oublié d'un revenu fort appréciable que représentait le moindre troupeau de chèvres ou de moutons.

Nous verrons qu'Hermès n'est pas un dieu facile à cerner, vu qu'il se déplace souvent et même très vite dans les trois mondes que sont le Ciel, la Terre et l'Enfer. En ce qui concerne Pan, nous pouvons confondre parfois Pan et Hermès et l'« Hymne à Hermès » a au moins l'avantage de nous guider vers une filiation qui peut expliquer des attributions en apparence communes. Pierre Grimal dans son *Dictionnaire de la Mythologie* nous dit en parlant de Pan :

« Les attributs ordinaires de Pan sont une syrinx, un bâton de berger, une couronne de pin ou un rameau de pin à la main. Ses mythes restent rares et les légendes qui le mettent en scène sont généralement tardives, produits de l'imagination des poètes alexandrins, qui ont souvent évoqué ce dieu familier de l'idylle rustique.[8] »

Je reviendrai sur l'invention de la flûte, mais déjà il est possible de noter, avec le *Dictionnaire des Symboles* qui nous parle de la flûte :

« *Personnification de la vie pastorale, à l'origine mi-animal, mi-homme, devenu dieu des grottes et des bois, Pan aurait inventé la flûte, dont il aurait réjoui les dieux, les nymphes, les hommes et les animaux.* » (p.450)

La flûte, dont on attribue alors l'invention à Pan, ne fait que compléter l'image du personnage. Elle ajoute à son corps mi-homme mi-dieu une dimension supérieure, elle lui confère un pouvoir non plus seulement sur les corps, mais aussi sur les âmes. Semblable à un bouc, le membre toujours en érection comme Priape, il était la manifestation du besoin de reproduction, il devient, en tant que joueur de flûte, la manifestation d'un besoin de renaissance dans le monde céleste qui passe par une sorte d'oubli d'un monde trop matériel.

---

[8] GRIMAL P. *Dictionnaire de la mythologie grecque et romaine.* Paris, PUF, 1969, p.342.

Une telle affirmation peut surprendre et j'y reviendrai souvent, mais je considère qu'avec Hermès, nous sommes amenés à imaginer le monde comme un objet avec lequel nous nous confondons et autour de ce monde un au-delà du monde vers lequel nous nous sentons aspirés. La flûte, bien mieux que la lyre, serait l'instrument qui nous permettrait d'entreprendre le voyage qui nous fait sortir de notre monde, microcosme et macrocosme confondus. Lorsque je reprends la légende qui nous parle de l'Aéther, d'un Ciel supérieur ou d'une lumière plus pure, fils d'Érèbe et de Nyx pour Hésiode, je pense que la flûte est le véhicule approprié pour atteindre cet au-delà du Ciel dans lequel ne sont pas encore regroupés les dieux. La mythologie parle surtout de l'Olympe neigeux qui n'est qu'une montagne et nous comprenons que souvent les montagnes dont les sommets restent inviolables représentent ce monde particulier qui serait la propriété des dieux. Avec les guerres entre les dieux de première génération et ceux de seconde génération, nous percevons le besoin de situer le royaume divin encore plus haut que le sommet invisible de l'Olympe. Le Caucase n'est pas le Ciel et si Prométhée s'y trouve enchaîné c'est bien pour montrer qu'il se situe entre Terre et Ciel. Il faudra les observations des premiers astronomes pour commencer à envisager le ciel de façon plus objective, mais il faut retenir que nos ancêtres ont pu, longtemps, décrire un monde sans pouvoir le soumettre à la raison. La seule mesure qui pouvait être évoquée était la chute d'une enclume pendant neuf jours et neuf nuits pour séparer le Ciel de la Terre ! Cela dit les odeurs de sacrifices étaient perçues par les dieux !

Si nous nous reportons à l'article consacré à l'animal auquel ressemble le fils d'Hermès, nous dépassons l'attribut légendaire pour approcher du sens de l'image :
« Il est avant tout un animal tragique (le bouc) puisqu'il a donné, pour des raisons qui nous échappent, son nom à une forme d'art : littéralement, tragédie veut dire chant du bouc, et c'était à l'origine le chant dont on accompagnait rituellement le sacrifice d'un bouc aux fêtes de Dionysos. C'est à ce dieu que l'animal était particulièrement consacré... N'oublions pas que le sacrifice d'une victime implique tout un

processus d'identification. Dionysos s'était métamorphosé en bouc lorsque Typhon attaquant l'Olympe et dispersant les dieux effrayés au cours de sa lutte avec Zeus, il s'enfuit en Égypte...» (p.138)

Le sacrifice du bouc correspondait, en Égypte aussi, à une volonté d'assimilation aux forces reproductrices de la nature. Ce rapprochement avec l'élan vital de la nature, avec l'amour au sens le plus matériel qui soit, trouve dans son association avec la flûte une dimension ésotérique qu'il ne faut pas négliger. Certes, la force génésique apparaît immédiatement dans l'image du bouc, mais celle de la flûte ne peut être entrevue que par l'intermédiaire du symbole qu'elle représente. La flûte, ainsi associée à un être partiellement semblable à un bouc, devient un instrument qui chante l'amour et qui participe à la fécondation des espèces.

Je ne peux pas résister au désir de rappeler cette légende d'une autre culture qui traite également de la flûte. Nous sommes ici avec les soufis qui disent que la flûte et l'homme de Dieu sont une seule et même chose. Le *Dictionnaire des Symboles* nous dit alors :

« *Rûmi raconte que le Prophète Mohammad avait dévoilé à son gendre 'Ali des secrets qu'il était interdit de répéter. Pendant quarante jours, 'Ali s'efforça de tenir parole, puis, incapable, il alla dans le désert et penchant la tête sur l'ouverture d'un puits, se mit à raconter ces vérités ésotériques. Au cours de son extase, sa salive tomba dans l'eau du puits. Peu de temps après, un roseau poussa dans le puits. Un berger le coupa, y perça des trous et se mit à jouer du chalumeau. Ces mélodies devinrent célèbres : des animaux vinrent l'écouter, même faisant cercle autour de lui. La nouvelle en parvint au prophète qui fit venir le berger et le pria de jouer. Tous les assistants entrèrent en extase. Ces mélodies, dit alors le Prophète, sont le commentaire des mystères que j'ai commentés à 'Ali en secret. De même, si quelqu'un d'entre les gens de la pureté est dépourvu de pureté, il ne peut entendre les secrets dans la mélodie de la flûte ni en jouir, car la foi tout entière est plaisir et passion.* » (p.451)

Transmette le plaisir et la passion, conduire vers la pureté, telle est la capacité de la flûte lorsque l'instrumentiste ne cherche pas à lui imposer un art qui n'est pas le sien. Disons que l'art est humain tandis que la mélodie de la flûte est divine ! Naturellement, elle conduit vers le Ciel. Vouloir en faire un guide éclairé à l'aide d'un savoir-faire technique, rationnel, culturellement choisi, c'est peut-être charmer l'entendement, cela ne peut conduire à l'extase, à l'oubli de soi, à la rencontre de cet autre qui est la divinité en soi. C'est le problème de toutes les musiques en vérité, mais celle de la flûte en est chargée depuis plus de cinq mille ans. Rechercher, par exemple, à exprimer les lamentations d'Orphée, c'est induire, chez l'auditeur, des pleurs qui ne sont que mortels ! Gluck, en écrivant sa musique était certainement plus proche d'Orphée que nous ne le sommes en travaillant la partition. Il faut oublier les notes et même les nuances pour laisser la musique trouver sa propre dramaturgie et nous laisser voir Orphée chantant avec son cœur, un chant capable d'émouvoir les dieux.

Nous ne sommes plus ici devant une pulsion génésique, mais devant une pulsion divine qui manifeste, chez l'homme, un désir de transcendance, un désir d'élévation qui trouve, du moins dans l'imagination des aèdes, une comparaison significative. Alors que le bouc nous laissait poursuivre nos instincts les plus anciens, les plus utiles peut-être, la flûte dont il se sert conduit à un dépassement qui met en lumière une autre dimension de l'amour, un amour sans objet, un amour qui ne serait pas centrifuge, mais tourné vers ce que l'homme porte encore en lui d'immortel. L'image que les aèdes nous donnent de Pan est bien un symbole qu'il faut interpréter. Aucun berger, de leur temps, n'était affublé d'un pareil physique. Les aèdes ont certainement voulu nous faire comprendre que l'amour pouvait être représenté par un phallus en érection, mais ils ont aussi voulu montrer que cet amour pouvait être transcendé par la musique. Ils ont utilisé la flûte qui était mieux connue, plus populaire que la lyre.

La mélodie de la flûte s'échappe de l'instrument comme Pégase qui monte droit vers le Ciel au moment où Persée coupe la tête de Méduse. En vérité, elle prend deux chemins en même temps. Elle va charmer les oreilles des autres mortels, peut-être aussi des dieux, comme Apollon, mais elle s'enfonce aussi profondément dans l'être qui joue ou qui entend pour le transporter ailleurs, dans ce monde qui pourrait être l'Aéther. Le musicien, qu'il soit compositeur ou interprète, est celui qui commence par écouter en grand secret, en grand mystère, la mélodie qui communiquera, peut-être, l'effet qu'il ressent profondément. En même temps que la mélodie sort de la flûte pour se répandre dans le monde, elle pénètre l'individu jusqu'au plus profond de son inconscient.

Nous sommes toujours dépendants, dans la mythologie, d'un voyage que nous ne décidons pas toujours nous-mêmes. Ce voyage nous est conseillé par de multiples légendes, par des images, des personnages qui le vivent comme s'ils voulaient nous montrer le chemin. Il nous arrive aussi d'éprouver le besoin de le faire. Les poètes l'ont souvent représenté par un voyage difficile, avec des épreuves variées, des combats opposant des héros et des dragons, mais il est aussi parfois symbolisé par une ascension, un déplacement qui va de la Terre au Ciel et qui conduirait au royaume des Olympiens. Il arrive que cette montée vers le Ciel soit précédée d'une descente aux Enfers. Or, tout cela se trouve caché dans les mélodies de la flûte qu'utilise Pan ! C'est par l'intermédiaire de la musique que l'homme peut entreprendre ce voyage qui se fait au plus profond de lui-même, sans déplacement, sans relation avec quiconque, surtout sans cette relation amoureuse que cherche si intensément le fils d'Hermès.

Précisons, sans attendre, qu'intériorité et Enfer ne sont pas synonymes. Ce serait considérer que seule la raison est un produit divin, comme bien des légendes le laissent entendre il est vrai. Loin de là ma pensée. Il est évident que la structure verticale du monde, telle que nous l'enseigne Hésiode, n'est qu'une présentation qui correspond à la vision du monde que peut avoir le poète. Le monde divin que peut atteindre la musique n'a pas de frontière !

Je crois que la meilleure image, de ce qu'il ne faut pas faire, nous est encore donnée par la légende. Cette fois, il ne s'agit pas de Pan ou d'Hermès, mais d'Athéna. Un jour où elle avait trouvé une flûte, elle essaya d'en jouer, mais, probablement se mit à faire des grimaces en s'efforçant de faire chanter l'instrument. N'y arrivant pas, probablement furieuse de ne pas le dominer, elle jugea qu'il n'était pas digne d'elle. S'est-elle vue en train de gonfler ses joues inutilement, nous pourrions le penser, mais la nature de l'instrument ne permet pas une telle image. Pour sortir un son d'une flûte, autrement dit d'un roseau, il ne faut pas gonfler les joues, mais pincer les lèvres. Cela dit, l'allusion est certainement symbolique et pourrait bien signifier que la raison ne peut dominer la mélodie que fait naître l'instrument. Si opposition il y a dans la légende, elle ne se trouve pas sur le plan musical.

Pierre Grimal nous rapporte ce détail de la légende d'Athéna en parlant d'Apollon : « *La flûte intervient encore dans les légendes apolliniennes avec l'histoire de Marsyas. Marsyas, le satyre, fils d'Olympos, avait trouvé une flûte jetée par Athéna, qui avait essayé de s'en servir, mais n'avait pas tardé à y renoncer quand elle avait constaté à quel point cela lui déformait la bouche et donnait à son visage une expression déplaisante. Trouvant que la musique qu'il en tirait était mélodieuse, Marsyas défia Apollon et prétendit être meilleur musicien, avec sa flûte, que le dieu avec sa lyre. Marsyas fut vaincu et Apollon l'écorcha, après l'avoir suspendu à un pin.* » (p.42)

La légende ne dit pas clairement qu'il existe une différence à la fois matérielle et divine entre la lyre et la flûte. Si Apollon achète la lyre à Hermès, du moins l'échange contre une partie de son troupeau, il n'est pas dit pourquoi Marsyas serait moins bon en jouant de la flûte, en dehors du fait qu'il est un Silène et ne peut se permettre de lutter contre un Olympien. Marsyas serait l'inventeur d'une flûte à deux tuyaux, différente de la flûte de Pan. Mais l'opposition entre la lyre et la flûte peut être moins réaliste. De plus, l'aventure d'Athéna ne peut qu'indiquer une impossible association entre cet instrument à vent, dont on ne peut jouer en même temps que l'on parle, et la formulation des idées !

La notion de chalumeau, l'ancêtre de la clarinette, ne doit pas être opposée à la flûte faite d'un ou de plusieurs roseaux dont on retrouve des traces jusqu'au Néolithique. D'ailleurs, il faut se reporter à la légende pour en saisir la simplicité avant de comprendre qu'elle fut surtout un instrument de berger. Apollon lui-même dut s'en servir plus tard lorsqu'il gardait ses troupeaux, mais nous pouvons penser aussi qu'il préférait la lyre. Nous pourrions dire qu'il n'avait pas besoin d'une flûte pour charmer ses futures conquêtes.

Athéna personnifie la raison et, si Homère nous la présente comme une excellente tisseuse, elle ne saurait passer pour une musicienne comme Apollon. Mais, il faut dépasser l'idée que nous nous faisons de la musique, de sa représentation mathématique que nous en avons faite après Pythagore. La musique n'est pas qu'un assemblage de sons, elle est d'abord un message pour l'âme qui ne saurait se laisser dominer par le mental, autrement dit l'idée que nous pouvons nous en faire. Parce qu'elle parle directement à ce qu'il y a de plus profond en l'homme, elle est un art qui se situe au-delà de ses sensations et même de ses sentiments. Elle peut facilement passer pour un langage divin, et la mythologie ne pouvait ignorer cette qualité particulière en l'opposant à la sagesse d'Athéna. Disons, avec un langage plus actuel, que l'extase que peut induire la musique ne saurait correspondre à une forme quelconque de réflexion, de raisonnement. L'extase est une sortie du monde conscient et la musique nous fait sortir de nous-mêmes, ce que j'ai vécu personnellement en écoutant le second concerto de Chopin. Mais, entendons-nous bien. Lorsque je dis sortir de nous-mêmes, je veux dire sortir de ce que nous croyons être nous, de ce que nous qualifions de nous-mêmes et qui n'est qu'un ensemble de mots ou d'images culturellement amalgamées. En lisant les légendes, nous comprenons que nos ancêtres n'ont pas attendu les analyses psychologiques pour vivre ce qui nous transporte dans un monde qui n'est pas celui que défendent des poètes comme Homère ou Hésiode.

Je l'ai souvent dit, les poètes comme Homère ou Hésiode sont déjà des émules de Zeus, comme Ménélas pouvait être un émule d'Arès, plus encore certainement. Ils ne jurent que par Zeus et tout doit converger vers sa royauté, sa justice, sa conception de l'ordre que doivent partager les hommes aussi bien que les dieux. À côté de Zeus, la seule divinité qui peut apparaître comme son double, c'est Athéna, sortie de sa tête, ce qui montre bien qu'elle est née pour défendre les idées de son père. Athéna raisonne, autrement dit classe les idées, les hiérarchise, leur donne tout pouvoir sur les actes qui sont proprement mortels ou sont comparables aux actes des dieux de première génération. La raison n'a que faire des sensations, n'a que faire de notre ressenti spontané qui précède la moindre interprétation fut-elle esthétique. Aussi diffère-t-elle profondément d'Hermès.

La lyre semble s'opposer à la flûte de Pan et il faut bien reconnaître que les deux instruments ne sont pas utilisés dans les mêmes conditions, n'agissent pas de façon identique sur ceux qui les écoutent. Dans l'« Hymne à Hermès », nous voyons comment Apollon est séduit :

« *Alors l'enfant de Zeus et de Maïa prit sa lyre de la main gauche, et, avec le plectre, il essaya l'une après l'autre les sept cordes harmonieuses qui, sous ses doigts, rendirent un son formidable. Apollon, alors se mit à rire : il était joyeux, et les mélodieux accords de cet instrument divin lui allèrent droit au cœur. Le doux désir s'empara de son âme tandis qu'il écoutait...* » (p.110)

Homère, dans l'*Odyssée*, nous donne un autre aperçu de l'effet que peut produire un aède avec ses récits accompagnés à la lyre :

« *Or, tandis que chantait le glorieux aède, Ulysse avait saisi son écharpe de pourpre et, de ses mains vaillantes, la tirait sur son front. De cette grande écharpe, il voila ses beaux traits : devant les Phéaciens, il eût rougi des pleurs qui gonflaient ses paupières ; mais à chaque repos de l'aède divin, il essuyait ses pleurs, rejetait son écharpe et, de sa coupe, faisait l'offrande aux dieux, puis, à chaque reprise, quand charmés de ses vers, les chefs des Phéaciens redemandaient l'aède, Ulysse, ramenant l'écharpe, sanglotait.* » (p.173)

Un peu plus loin, il a ces mots qui suffisent pour souligner l'importance qu'il faut accorder à l'instrument :

« *Voici que de la table, où chacun eut sa part, nos cœurs ont bien joui, comme aussi de la lyre, dont la place est marquée aux plus beaux des festins.* » (p.173)

Encore faut-il se demander pourquoi Ulysse pleure ! Il ne pleure pas à cause de la lyre, mais à cause de l'histoire racontée par l'aède. Si la lyre joue un rôle important dans les festins, pour accompagner les récits des aèdes, c'est parce qu'elle donne de la profondeur aux images qu'elle les enveloppe avec des sons qui les portent jusqu'aux cœurs des auditeurs. Non seulement elle rythme la poésie de l'aède, mais elle l'accompagne, la colorie grâce à ses sept cordes qui donnent des sons appropriés, choisis par l'aède. Mais si Ulysse pleure, si Apollon devient joyeux, ils restent éveillés, conscients de ce qui se passe. Ils ne basculent jamais dans cet autre monde que fait connaître l'extase.

Athéna ne saurait se laisser déposséder de ce contrôle qui permet d'évaluer les idées ou les images qu'elles accompagnent. La lyre accompagne les poètes, elle permet de scander leurs vers. Mais le poète est aussi un intermédiaire entre la Terre et le Ciel. La lyre qui symbolise l'harmonie cosmique est aussi en rapport avec la parole céleste. Le *Dictionnaire des Symbole*s reprend un texte de Jean Servier qui nous dit à propos de la construction de l'instrument par Hermès :

« *Dans les civilisations méditerranéennes, le bœuf représente le Taureau Céleste... Faire vibrer la lyre, c'est faire vibrer le monde. Les noces cosmiques s'accomplissent, la terre est fécondée par le ciel ; il pleut sur les champs et les flancs des femelles s'alourdissent. Tous les instruments de musique semblent avoir été autant de moyens d'accéder à l'harmonie secrète du monde.* » (p.597)

Il ne faudrait pas oublier que la flûte est en rapport avec la nuit, avec une autre vibration, celle-ci totalement irrationnelle avec le regard du pâtre qui semble observer les étoiles tout en surveillant le sommeil de son troupeau ! En étant attribuée à Hermès, la flûte peut en effet nous servir de guide dans la nuit ou même lorsque nous voulons voyager en Enfer, disons au pays des ombres. Hermès, nous le verrons, est un guide qui nous permet de vaincre l'obscurité, de voir la nuit et il suffit de fermer les yeux en écoutant une mélodie pour amorcer le voyage qui nous conduit vers l'immortalité. Lorsque nous écoutons de la musique, dans une salle de concert ou à la télévision, nous sommes souvent tentés de la regarder en oubliant de l'entendre. Certes, elle pénètre en nous, mais notre attention est terriblement préoccupée par tout ce que les yeux nous montrent. Nous suivons le chef d'orchestre, nous regardons les instruments, surtout lorsqu'ils jouent plus ou moins seuls, nous sommes distraits ! Il est rare que nous refusions de telles perturbations et nous ne connaissons que rarement l'enchantement que peut procurer la musique.

La flûte de Pan résulte d'une histoire d'amour et la construction d'une flûte par Hermès semble due aux flâneries d'un berger gardant le troupeau qu'Apollon lui a donné. N'oublions pas que les roseaux utilisés pour donner naissance à une flûte sont aussi une nymphe métamorphosée ! Elle s'appelait Syrinx ! Elle est bien en rapport avec l'amour et le désir de Pan.

L'« Hymne à Hermès » nous révèle les qualités de la lyre qui ne sont pas celles de la flûte. Lorsqu'Hermès joue et chante devant Apollon, le fils de Léto s'interroge :
« *Jamais je n'ai rient entendu d'aussi beau que ta voix et les sons, nouveaux à mon oreille, que tu tires de cet instrument... Quel est cet art, et d'où te vient la faculté de produire des sons si doux, si voluptueux ? D'où te vient cette inspiration qui permet de faire oublier toutes les inquiétudes et tous les soucis inévitables ? Quelle voie y conduit ? Tu sais susciter trois choses précieuses entre toutes : l'amour, la joie et le doux sommeil.* » (p.111)

La flûte ne trouve pas dans l'Hymne le moindre soutien et nous pourrions penser qu'elle est sans importance. En faisant naître la lyre des mains d'Hermès, les poètes lui donnent un rôle divin et en font l'intermédiaire privilégié entre les hommes et les dieux, il serait préférable de dire entre les aèdes et les dieux. Mais la flûte est, en dehors de cette relation, de plus en plus dominée par les histoires des aèdes. Elle est un passe-temps dans les mains des bergers et n'a pas de rapport avec la parole qu'elle soit mortelle ou divine. Il faudrait pouvoir hiérarchiser les légendes ou mieux encore connaître les histoires qui étaient racontées bien avant qu'elles ne soient écrites. Nous connaissons surtout la lyre parce qu'elle correspond à cette tradition qui fait collaborer des mots et des sons. Il est probable qu'à l'époque mycénienne, les monarques se laissaient charmer par leurs aèdes. Mais ces derniers ne faisaient que mettre en valeur des idées, souvent élogieuses à leur égard, comme le feront les trouvères plus tard. Je crois qu'il faudrait éviter de confondre la musique et les accents de la lyre. Les auditeurs étaient surtout attentifs aux idées, aux images, non aux mélodies, car la lyre ne pouvait pas en produire. La mélodie dépend surtout le l'enchaînement qui existe entre les sons, de leur liaison, et des coupures naturelles qui sont en rapport avec la respiration. La mélodie respire, comme l'humain, et c'est cette respiration qui donne sa valeur à la mélodie. D'ailleurs, les violons respirent comme les flûtes ou autres instruments à vent. Chaque son de la lyre a sa valeur en soi, mais ne peut être lié au suivant si ce n'est par la vibration du son qui se perd plus ou moins vite. Il est clair que pour accompagner la tragédie, la lyre était bien mieux adaptée que la flûte, d'où le choix d'Apollon.

Revenons sur la légende de Pan. M. Grant et J. Hazel nous disent :

« L'instrument sur lequel jouait Pan était la « syrinx », ou flûte de Pan, au son de laquelle les nymphes et les satyres avaient coutume de danser. Il obtint sa flûte lors d'une de ses aventures amoureuses, alors qu'il poursuivait la nymphe Syrinx, ou Novacris. Lorsque cette dernière atteignit le fleuve Ladon, elle s'aperçut avec désespoir qu'elle ne pouvait le traverser et demanda aux nymphes de la transformer en roselière. Sa prière fut exaucée. Pan coupa quelques roseaux et en attacha les morceaux de différentes longueurs pour en faire une flûte. » (p.308)

Comment de tels roseaux assemblés n'auraient-ils pas chanté l'amour et réveillé l'intelligence du cœur ? Les roseaux ne sont pas des plantes quelconques, ils sont la nymphe Syrinx et ils portent en eux sa plainte lorsqu'elle se sent perdue, ne pouvant pas traverser le fleuve qui lui barre la route. Nous retrouvons ici l'obstacle le plus fréquemment évoqué : la rivière ou le fleuve qu'il faut traverser. Combien d'exemples nous sont proposés par les légendes ? Jason est invité à traverser une rivière en portant une vieille femme sur son dos, or cette femme n'est autre que la déesse Héra ! Lorsqu'Héraclès doit traverser le fleuve Événos, le centaure Nessos le passe en premier, mais ensuite veut faire violence à Déjanire. La fin de vie du héros dépend de cet instant où Héraclès tue le monstre qui veut faire violence à son épouse. C'est la force génésique qui conduit Héraclès à sa perte, à la mort, puisqu'en allant conquérir Iolé, il engendre le doute chez Déjanire qui utilise le philtre donné par Nessos et qui contient le poison de l'Hydre de Lerne dont les flèches d'Héraclès étaient enduites.

Si je fais allusion à cette fin de vie, c'est pour montrer qu'Héraclès, sans le vouloir de son père, n'aurait certainement pas terminé son voyage et n'aurait jamais épousé Hébé, la Jeunesse éternelle. Ne dit-on pas que pendant sa jeunesse, il avait été instruit par le centaure Chiron ? Or s'il avait été un bon élève pour les arts militaires, il avait été une piètre élève pour la musique. Il avait même tué son maître de musique Linos qui devant son indiscipline devait le frapper. La légende dit qu'Héraclès avait été acquitté sous prétexte de légitime défense ! La légende nous laisse devant des faits ordinaires, mais elle cache aussi la nature du héros et son peu d'intérêt pour la musique, pour l'immatérialité des sons. S'il était semblable à Pan pour ce qui est de l'appétit génésique, il ne l'était pas pour ce qui était de l'art et tout particulièrement de l'usage de la lyre, car il semble préférable de ne pas évoquer la flûte dans ce différend.

Retenons, pour le moment, que Pan personnifie les deux dimensions de la nature humaine : l'une toute terrestre, chtonienne, matérielle, l'autre céleste, éthérée, immatérielle si l'on veut. L'une est lourde et enchaîne l'homme à la Terre, l'autre est légère et permet à l'homme de prendre son envol. Il faudrait ici étudier le mythe d'Icare qui lui aussi laisse percevoir cette double nature, mais aussi les limites d'une intelligence purement rationnelle dès lors qu'il s'agit de vouloir s'élancer comme Pégase.

Ainsi donc, Pan était le fils d'Hermès ! D'autres que lui auraient cherché à le faire disparaître, comme Héra découvrant la boiterie d'Héphaïstos, mais Hermès semble tout heureux et se précipite vers l'Olympe pour montrer ce fils particulier aux autres dieux alors que sa mère s'était enfuie, abandonnant l'enfant. Comment se dire la mère d'un enfant qui a les membres inférieurs d'un bouc et porte au front de petites cornes ? Il portait une barbe et son visage laissait voir « *une expression de ruse bestiale* » nous dit P. Grimal (p.342). Notons qu'il fut tout de suite aimé de tous les dieux et plus particulièrement de Dionysos.

Nous pouvons être surpris d'apprendre, par certaines légendes qui relatent cette naissance, que la mère serait tout bonnement Pénélope, la femme d'Ulysse et que l'enfant aurait été conçu dans les montagnes d'Arcadie ! C'est le seul nom que retient Pierre Grimal en parlant d'Hermès, mais, en parlant de Pan, il cite aussi la fille de Dryops, un fils d'Apollon ou celui du fleuve Sperchéios. Cette fille s'appelait aussi Pénélope et nous pouvons comprendre qu'il puisse y avoir confusion, à moins que symboliquement le croisement des légendes ait un sens ! Pourquoi Hermès aurait-il séduit la femme d'Ulysse ? La mélodie de la flûte serait-elle mise en concurrence avec la fidélité de Pénélope ?

En continuant à parler de la flûte, nous apprenons aussi qu'elle fut inventée par Hermès, alors qu'il gardait les troupeaux que son frère lui avait abandonnés en échange de la lyre qu'il avait également inventée. Ce serait donc lui qui aurait imaginé la syrinx et une nouvelle fois Apollon aurait été séduit par cet instrument. Pierre Grimal nous dit à ce propos :

« *Apollon désira lui acheter ce nouvel instrument de musique et pour cela lui offrit la houlette d'or dont il se servait en gardant les troupeaux d'Admète. Hermès lui demanda, en outre, des leçons de divination. Apollon accepta le marché et c'est ainsi que la verge d'or (le caducée) figure parmi les attributs d'Hermès.* » (p.202)

Ne faut-il pas souligner que c'est en échange de la flûte qu'Apollon donne à Hermès sa baguette de berger qui deviendra le caducée ? Si les aèdes font surtout des associations symboliques, il convient de penser que la flûte apparaît comme l'instrument qui, mieux que la lyre, permet de garder ou de conduire les troupeaux. Si nous pouvons parler de la distraction des bergers qui oublient le temps qui passe en jouant de la flûte, nous pouvons aussi parler de la surveillance des âmes et de leur conduite vers une vie éternelle, car les troupeaux sont ici des images pour représenter des ombres ou des âmes, disons des êtres qui deviennent les servants d'un dieu particulier. Les légendes nous montrent souvent des dieux pasteurs, mais seul Pan et Hermès semblent vraiment jouer de la flûte.

Ce qu'il faut retenir ici c'est la relation qui existe, dans presque tous les récits légendaires, entre la flûte et la garde d'un troupeau, autrement dit l'activité pastorale. Or, cette activité est fréquemment évoquée et ne doit pas être seulement retenue comme une activité concrète, avec un vrai bétail, qu'il s'agisse de moutons, de vaches ou de bœufs. Je reviendrai sur ce rôle majeur chez Hermès, mais je voudrais souligner la relation entre la musique et les troupeaux quels qu'ils soient.

Nous pourrions aussi évoquer la légende de Hans le joueur de flûte, une légende allemande. Hans avait été chargé de délivrer une ville des rats qui l'infestaient. En jouant de la flûte, il avait rassemblé les rongeurs et les avait conduits vers une rivière où ils s'étaient tous noyés. Les habitants n'ayant pas voulu lui payer ce qu'ils avaient promis, il revint plus tard et emmena cette fois les enfants qu'il enferma dans une grotte. Nous pouvons retenir qu'à l'aide de sa flûte il avait séduit les rats, leur avait enlevé toute méfiance et conduit vers la mort que les habitants désiraient donner aux rats

Mais restons aux temps anciens et dans le monde achéen.

Lorsque les légendes nous montrent les nymphes et les satyres dansant au son de la flûte, nous ne sommes pas dans ce type de condition, loin de là. Ils dansent tout simplement, sont heureux et nous comprenons que Dionysos puisse être ravi d'un tel transport. La joie de Dionysos, lorsqu'Hermès présente son fils aux dieux se comprend d'autant mieux que nous pouvons le considérer comme le dieu de l'extase. Il n'est pas le dieu de la raison, non qu'il lui soit contraire, mais il conduit ceux qui suivent son culte à la surmonter, à l'oublier, à connaître ce qui passe pour de la démence. Les orgies dionysiaques sont provoquées par la musique et par la danse, mais certainement beaucoup plus par la flûte que par la lyre. Les accords de la lyre accompagnent mieux les vers des poètes, elle leur donne la cadence comme Orphée pouvait la donner sur l'Argo pour aider les rameurs rassemblés par Jason à se rapprocher de la Colchide. Si la lyre est l'instrument des poètes, de la raison, la flûte est celui des bergers qui, la nuit, regardent les étoiles, ou des Satyres qui dansent avec les nymphes. – N'oublions pas que le bouc est un animal nocturne, lunaire alors que le bélier serait diurne et solaire ! – Elle invite à l'amour, mais, lorsque nous évoquons ces démons, nous avons tendance à ne voir que le côté lubrique de la relation. Si Athéna nous invite à dépasser l'état d'homme, de mortel, en raisonnant, Dionysos nous propose d'oublier cet état à l'aide d'une transe que déclenchent la musique et la danse qu'elle encourage ou suscite.

Il faut ici se souvenir de ce que nous disent Jean Chevalier et Alain Geerbrant dans leur *Dictionnaire des Symboles* :

« *Et qu'est-ce que cette fièvre, capable de saisir et d'agiter jusqu'à la frénésie toute créature, sinon la manifestation, souvent explosive, de l'Instinct de vie, qui n'aspire qu'à rejeter toute la dualité du temporel, pour retrouver d'un bond l'unité première où corps et âmes, créateur et création, visible et invisible se retrouvent et se soudent, hors du temps, en une sorte d'extase. La danse clame et célèbre l'identification à l'impérissable.* » (p.337)

Aujourd'hui, nous avons du mal à penser qu'un simple instrument comme la flûte de Pan puisse agir sur l'individu et le transporter loin du réel, du quotidien, du temporel comme peuvent le faire des musiques d'orchestre dont la polyphonie nous éloigne souvent de l'essentiel qui est la mélodie du son. Nous avons tendance à privilégier le rythme et à croire que c'est lui qui nous porte. La vie n'est-elle pas rythmée comme l'est visiblement la respiration ou le fonctionnement du cœur ? Mais le son existe sans le rythme et si, ce dernier manifeste la vie, entre naissance et mort qui semblent se répéter inlassablement, le son est comme une manifestation de la vie, de sa puissance, de son énergie avant qu'elle ne s'organise et se manifeste. J'en suis arrivé, en enseignant la musique, à considérer qu'elle n'est pas une suite de notes organisées pour produire un effet, mais qu'elle est cette force que l'oreille perçoit avant même que les yeux n'apprennent à lire la moindre partition. L'oreille est cette grotte dans laquelle l'âme perçoit le son qui l'invite à échapper au concret, qui l'invite à découvrir l'insaisissable. Je comprends alors pourquoi Platon tient à faire sortir l'homme de la grotte où il ne voit que des ombres. Cette grotte nous représente, tels que nous sommes avant que nous nous trouvions enfermés par le Soleil dans des normes qui rythment notre vie jusqu'à ce que la mort nous en délivre. Le philosophe ne peut faire confiance au son parce que la mélodie du son échappe entièrement à ses analyses, à ses constructions d'idées et nous comprenons également qu'Athéna ne puisse trouver un quelconque plaisir en jouant de la flûte.

En associant la musique et le mouvement, il est possible d'expérimenter la relation qui existe entre la mélodie et nous, entre le son et nous. Il suffit d'étirer la mélodie pour engendrer une difficulté respiratoire qui intervient rapidement sur notre conscience, la perturbe au point de lui enlever tout contrôle ordinaire. Richard Wagner est l'un de ces musiciens qui ont joué avant les autres à perturber notre respiration et à nous transporter dans un autre monde que celui du réel. Il suffit d'écouter les préludes de Lohengrin pour commencer à percevoir cet effet particulier. On peut aussi le sentir en produisant des sons, des voyelles par exemple et en suivant la mélodie d'« Amasing Grace ». Que dire de la syllabe OM qui prend tout son sens lorsqu'elle s'accompagne d'une respiration de plus en plus lente et fait vibrer tout le corps ?

J'en profite pour proposer une différence, fondamentale à mes yeux, entre la philosophie et l'herméneutique. Si la philosophie est une « *vision plus ou moins méthodique du monde et des problèmes de la vie* » pour le Petit Robert, l'herméneutique est l'interprétation des textes anciens ou religieux. Hermès, souvent assimilé à Thot, le dieu égyptien, est probablement, dès l'origine, l'interprétation d'un savoir particulier qui ne serait plus délivré par les aèdes, mais directement par les dieux. Il faudrait tenir compte de la nature particulière d'Hermès pour comprendre ce que les histoires écrites ou seulement psalmodiées ne sont qu'une vérité partielle, une vérité rationalisée qui cache une vérité plus noble et certainement plus délicate, peut-être même plus dangereuse pour l'homme qui manque de sagesse. Il convient de ne pas confondre le dieu Hermès et Hermès-Trismégiste dont les écrits philosophiques seront publiés au tout début de notre ère.

Le son nous pénètre sans que nous l'appelions, sans que nous nous précipitions vers lui et nous tire hors de nous-mêmes comme si nous recherchions l'union qu'il nous propose ou ne pouvions l'éviter. Dans une sorte d'implosion, le moi » ou le « je » disparait, notre cerveau ne contrôle plus le temps qui s'écoule et l'espace dans lequel nous semblons nous répandre. J'ai suffisamment vécu cette implosion en écoutant de la musique pour comprendre ce que les aèdes voulaient nous faire partager. L'homme peut combattre comme Héraclès toutes sortes de monstres, il peut aussi ne plus se battre, se laisser surprendre par un son et se mettre à voyager, plus ou moins longtemps, vers un monde où ni le temps ni l'espace ne l'attendent. Nous pourrions également nous interroger sur la façon dont les mantras interviennent sur ceux qui les prononcent.

Il faudra, bien entendu, approfondir ce rapport entre la musique et la conduite d'un troupeau, car il est important pour connaître Hermès autrement qu'à travers sa fonction de messager de Zeus qui pourrait bien nous enfermer dans une servitude mystique qui ne correspond pas à sa véritable nature.

Lorsque nous lisons Hésiode, la *Théogonie*, nous pouvons être surpris de voir qu'Hermès n'est qu'à peine mentionné par deux fois, une fois par comparaison avec Hécate, une fois pour sa naissance.

« Mais à Zeus, la fille d'Atlas, Maia, enfanta Hermès plein de gloire,
Héraut des immortels, après être montée dans sa couche sacrée. » (p.147)

Ailleurs, nous apprenons qu'avec Hécate, Hermès fait croître le butin ! Il faudra revenir sur ce rôle partagé, mais aussi ne pas oublier que le butin peut être obtenu par pillage ou bien par élevage.

Hésiode ne semble pas lui accorder une grande considération et nous pourrions comprendre qu'en soulignant essentiellement les mérites de Zeus, il ait pu laisser dans l'ombre certains de ses enfants du moins ceux qui ne le servent pas directement pour imposer un nouvel ordre. Hermès sera son messager, mais même dans cette fonction, il sera détrôné par Iris comme on peut le voir chez Homère lorsqu'il dépeint la guerre de Troie. Si Iris prend sa place sur le champ de bataille, devant Troie, cela ne signifierait-il pas qu'Hermès est au-delà de toutes les tueries ou même des prises de conscience devant la mort que le poète se plaît à nous dépeindre ?

Hermès semble être une divinité à part, à la fois chtonienne et céleste, une divinité qui n'est pas soucieuse de la raison manifestée par Athéna. S'il n'est pas jeté hors de l'Olympe, il n'y séjourne pas comme les autres dieux et partage son temps davantage entre l'Olympe, la Terre où séjournent les mortels et l'Enfer où il rend visite à Hadès ainsi qu'à Perséphone. Aussi, pour le cerner vraiment, il faut lui courir après, le suivre dans ses voyages en sachant qu'il peut se rendre invisible à tout moment. Là encore, nous verrons que cette capacité cache une dimension importante de sa personnalité.

Hermès est un dieu qui voyage, bien plus que Poséidon qui se rend plus particulièrement chez les Éthiopiens comme le dit Homère. Mais découvrons-le tel que la légende nous invite à le faire.

UN BÉBÉ ESPIÈGLE

Hermès vint au monde en pleine nuit, pendant que dormaient les dieux nous dit la légende. Il est précisé qu'il vint au monde le quatrième jour du mois. Il semblerait donc, en suivant les légendes qu'il est particulièrement honoré le quatrième jour de chaque mois. Le plus important, pour les aèdes, n'est pas sa naissance elle-même, mais ce qu'il fit à peine né, encore dans les langes. Si la légende met en valeur une telle précocité, c'est qu'elle s'efforce de nous faire comprendre autre chose que l'esprit qui semble présider à l'acte lui-même. Mais, commençons par saisir ce qu'entreprend Hermès à peine né. Le récit le plus détaillé est certainement celui qui nous est donné dans l'« Hymne à Hermès ».

« *À peine eut-il jailli du sein immortel de l'auguste nymphe qu'il fut impossible de le retenir dans son berceau sacré. Il préféra fuir aussitôt et, franchissant le seuil de l'antre obscur des hauteurs de l'Olympe neigeux, il se mit en quête des génisses d'Apollon le divin archer...*

Son esprit méditait une ruse subtile, comme l'esprit des voleurs habiles quand vient l'heure où, sur terre, s'étendent les ombres de la nuit...

Aussitôt arrivé, le fils de Maia, Argeiphontès à l'œil perçant, subtilisa cinquante génisses mugissantes au troupeau d'Apollon son frère. Il les conduisit par des chemins détournés et sablonneux, les forçant à marcher à reculons, traînant parfois par la queue celles qui s'y refusaient. Cet artifice lui avait été dicté par son esprit retors. De surcroît, il jeta ses sandales dans le sable et, pour brouiller la piste, il se confectionna d'étranges chaussures en entrelaçant des rameaux de myrte et de tamaris, merveilleux artifice qui lui permit de marcher plus aisément dans le sable et sans laisser de traces...

Déjà, il avait dépassé les ombres de plusieurs montagnes, franchi plusieurs vallées où retentit l'écho, et bien des plaines fleuries. L'auguste nuit aux ténèbres propices aux larcins finissait et, bientôt allait paraître l'Aurore qui appelle les mortels au labeur...

Le vaillant fils de Zeus poussa dans le fleuve Alphée les génisses au large front. Les bêtes indomptées parvinrent à de belles étables et trouvèrent des abreuvoirs auprès de magnifiques pâturages...

Puis il rassembla beaucoup de bois et chercha par quel art faire jaillir le feu. Il cueillit une belle branche de laurier et, la tenant bien en main, il la fit pivoter sur du bois de faux grenadier : l'étincelle jaillit. Bientôt, un souffle brûlant s'exhala...

Passant d'un travail à l'autre, il trancha leurs chairs lourdes de graisse et les embrocha sur des branches pour les faire rôtir à la flamme...

Puis Hermès au cœur joyeux divisa les chairs en douze parts qu'il tira au sort afin que chacune des grandes divinités reçût l'offrande qui lui était due...

Des fumées odorantes s'élevaient vers le ciel en un parfait holocauste...

Le jour paraissait quand il revint aux cimes sacrées de Cycllène...

Hermès le bienveillant fils de Zeus l'assembleur de nuées, se courba et, par le trou de la serrure, il se faufila dans la grotte comme une brise d'automne ou un brouillard léger. Il avança vers le fond de l'antre d'un pas furtif et silencieux se coucha dans son berceau, ceint d'un lange comme un tout petit enfant... » (p.94)

Cette longue citation met en lumière ce que fit cet enfant dans ses langes, au moment de sa naissance. Or, la légende qui commence par un tel exploit ne s'attarde pas sur ses parents, ni vraiment sur le lieu de sa naissance. Nous apprenons simplement qu'il est le fils de Zeus et de Maia, la plus jeune des Pléiades et qu'il est né dans une grotte sur le mont Cyllène, au sud de l'Arcadie. Nous sommes bien entre divinités, dans un monde entièrement divin et il ne faudrait surtout pas confondre les troupeaux des dieux avec ceux des mortels. L'« Hymne à Hermès » nous dit simplement que le fils de Zeus arrive aux monts de la Piérie où il trouve les étables des troupeaux immortels. Quelques noms suffisent pour nous permettre d'envisager un périple particulièrement long puisque partant du mont Olympe, la Piérie n'en étant que faiblement éloignée, Hermès conduit ses génisses jusque dans le Péloponnèse où il leur fait traverser l'Alphée, ce fleuve qu'Héraclès utilisera pour nettoyer les écuries d'Augias, le fils du Soleil. Tout ici est de l'ordre du merveilleux, mais ce que l'on retient surtout, en oubliant l'âge d'Hermès qui réintègre son berceau et ses langes après une nuit plutôt agitée, c'est son ingéniosité, sa ruse, son habileté pour tromper son monde.

Non seulement en sortant de sa grotte, où il vient de naître, il trouve moyen d'inventer une lyre à partir d'une carapace de tortue, de voler les génisses d'Apollon, d'inventer le feu, de faire un sacrifice aux douze Olympiens, de revenir dans sa grotte pour répondre à sa mère qui veut le chasser :

« Ma mère, pourquoi me faire de cinglants reproches, à moi, Hermès, ton fils, comme si j'étais un bambin ordinaire, timide et plein de bons principes, un enfançon qui tremble en entendant les reproches de ses parents ? Sache-le : je vais m'adonner au meilleur des métiers et faire, grâce à mon ingéniosité, ton bonheur et le mien. Nous ne pouvons souffrir de rester ainsi tous deux, isolés, dans cette caverne, alors que les autres Immortels reçoivent prières et offrandes...

Je compte m'employer à jouir des mêmes honneurs qu'Apollon lui-même, et, si mon père refuse de m'accorder ces privilèges, eh bien ! je les obtiendrai quand même en devenant le prince des brigands.» (p.99)

En suivant le récit, nous sentons combien les aèdes veulent nous montrer Hermès sous l'aspect du roi des voleurs. Tout ce qu'il entreprend cette première nuit ne sert qu'à donner au jeune dieu une qualité qui pourrait bien masquer l'essentiel du personnage. Hermès vient de naître et semble tout connaître, ce qui laissera Apollon rêveur. Non seulement il sait ce qu'il va faire et comment il va le faire, mais il semble disposer lui-même de son destin. Il se connaît et semble échapper à toute forme de tutelle ! Zeus lui-même ne semble pas en mesure de le corriger et s'amuse de son effronterie.

Nous avons l'habitude de découvrir des dieux qui sont adultes dès la naissance, mais là nous découvrons un bébé qui parle comme un adulte responsable et décide de sa vie future sans se sentir le moins du monde inférieur à qui que ce soit. Nous le retrouvons devant son père à la balance d'or pour que soit réglé le différend qui l'oppose à Apollon et nous ne pouvons qu'être impressionnés par cet enfant qui sait mentir avec assez d'aplomb et de finesse pour faire sourire le roi de la ruse. N'oublions pas que Zeus est aussi son père et qu'il apprécie le comportement d'Hermès pour contourner la rage de son autre fils : Apollon.

Le fait qu'Hermès se comporte de la sorte en venant de naître peut signifier qu'il ne fait que renaître et connaît tout de ce qu'il peut trouver dans le monde autour de lui. Il ne naît ni comme Athéna, ni comme Héphaïstos, il n'est pas entraîné par des cygnes au pays des Hyperboréens, il vient au monde comme quelqu'un qui sait, qui n'a rien à apprendre, qui se joue de tout le monde, des hommes et des dieux. Apollon s'interroge sur l'origine de ses dons, mais le poète ne va pas au-delà de son questionnement. Hermès ne saurait être un dieu ancien, de la première génération, un dieu monstrueux. Par sa nature, il est une divinité à part, un dieu qui se promène, qui disparaît parfois, qui garde des troupeaux en jouant de la flûte, qui conduit les âmes des morts jusqu'en Enfer. Tantôt près des dieux, tantôt près des hommes il est plus qu'un simple messager et ses interventions restent souvent énigmatiques.

Il me semble qu'il faut ici donner la parole à Pierre Lévêque qui nous parle d'un Hermès que ne semble pas connaître Homère.

« *Qu'il nous suffise de rappeler ici que des dieux très importants du panthéon hellénique —comme Héra, Athéna, Hermès – portent des noms minoens.* [9] »

---

[9] LÉVÊQUE P. *Introduction aux premières religions. Bêtes, Dieux et Hommes.* Paris, Librairie Générale Française, 1997, p.195.

Pierre Lévêque nous parle de la Crète à l'âge du Bronze, 2600 ans avant notre ère, de sa civilisation qui précède de loin les Achéens et plus encore les Doriens. C'est encore la prédominance de la Grande Mère, de la puissance de la terre et de la fécondité. C'est l'époque où la Grande Mère est encore fécondée par un dieu animal, souvent un taureau. C'est l'époque où Zeus est honoré encore enfant et associé à sa mère Rhéa, alors qu'il se cache en Crète. En étudiant les tablettes mycéniennes de la seconde moitié du deuxième millénaire, il poursuit son inventaire divin et note la présence d'Hermès de même qu'Ilithye, la déesse crétoise des accouchements, Héra, Artémis, Athéna, Arès, Dionysos et Zeus tandis que l'ensemble du panthéon est dominé par Poséidon « *le dieu le plus important de Pylos, également connu à Cnossos, le plus grand dieu du panthéon attesté avec l'épithète d'Énesidaone (« l'ébranleur de la terre ») qu'il conservera sous diverses formes.* ». (p.203)

Un peu plus loin, Pierre Lévêque nous informe sur l'existence d'un autre Hermès.

« *Le sanctuaire de Kato Simi, en Crète centro-orientale, offre un intérêt exceptionnel : les offrandes s'y accumulent sans discontinuité depuis le Minoen moyen jusqu'à l'époque romaine ; on y a exhumé des tablettes de linéaire A et des inscriptions grecques qui associent la déesse à un Hermès Cédritès (du Cèdre), jeune dieu minoen de l'arbre : Aphrodite y est pleinement assimilée à une Mère crétoise.* » (p.234)

Comment ne pas s'interroger sur la nature du personnage telle que les poètes nous l'offrent après les poésies d'Homère ou d'Hésiode ? Les légendes écrasent le temps ou écartent délibérément ce qui pourrait remettre en question l'image habituelle des différents dieux. L'archéologie nous invite à l'étirer au contraire et à ne pas nous arrêter sur un panthéon qui serait totalement sous la direction et même la paternité de Zeus.

En étudiant le personnage de Zeus, à travers les légendes, nous voyons qu'il passe son temps à faire des enfants, à donner le jour à des divinités qu'il fait naître lorsqu'il en a besoin pour diriger son royaume et en leur donnant les qualités nécessaires à leurs attributions. Athéna sera chargée de la raison, Apollon de l'oracle de Delphes, Aphrodite du désir amoureux, Héraclès de la guerre contre les Géants... De quelles attributions Zeus a-t-il chargé Hermès ? Nous pourrions presque dire qu'il découvre ce fils particulier lorsqu'Apollon le traîne devant lui pour obtenir justice. Les qualités que possède Hermès en naissant proviendraient-elles de sa mère ? Proviendraient-elles d'Atlas, le père de Maia ? Serait-il comme son oncle Prométhée un dieu qui pense avant ? Peut-être faudrait-il penser qu'il fut intégré dans l'environnement de Zeus comme le fut Aphrodite, une déesse venue de Chypre ? Les légendes ne cherchent pas vraiment un classement des dieux et les regroupent souvent en deux grandes familles, ceux d'avant le règne de Zeus et ceux d'après, comme si tout basculait à l'avènement du fils de Cronos. Il est clair que l'Hermès crétois ne pouvait être le fils de Zeus et qu'il s'agit bien d'une récupération religieuse ou simplement poétique.

Peut-être pouvons-nous dépasser la simple genèse des dieux ? Hermès est bien l'enfant de Maia et de Zeus. Or cet enfant fut conçu dans une grotte, certains vont même jusqu'à dire qu'elle fut violée, du moins qu'elle n'était pas consentante ! Mais qui était Maia ? Elle était la fille du Géant Atlas et de l'Océanide Pléioné. Elle était la fille aînée de sept filles très belles qui auraient été chassées pendant sept ans par un autre Géant, très beau lui aussi : Orion. Pour leur permettre d'échapper au désir d'Orion, Zeus les aurait transformées en colombes puis transportées dans le Ciel où elles étaient devenues des étoiles associées au signe du Taureau. Maia avait donc pour grand-mère Téthys, la femme d'Océan et nous savons qu'elle avait reçu Héphaïstos pendant neuf ans pour l'instruire et faire de lui un forgeron orfèvre. Elle avait pour grand-père le Titan Japet qui avait mis au monde également Prométhée, Épiméthée et Ménétios. Il est dit à son sujet qu'il avait participé à la conspiration qui devait amener la castration d'Ouranos. Avec ses frères, il aurait maintenu la voûte du Ciel pour qu'Ouranos ne vienne pas s'étendre sur la Terre pendant que Cronos devait user de la faucille que lui avait donnée Gaia. Il se serait tenu à l'ouest du cosmos, le pays des morts.

Certes, tout cela peut sembler morcelé, éloigné de la personnalité d'Hermès, mais lorsqu'Apollon fait le tour de la grotte de Maia il découvre une grotte bien équipée, plus semblable à un palais qu'à une caverne pour animal traqué. Le fait est que nous avons là une timide comparaison entre l'image que l'on peut se faire de l'avant et de l'après-castration, entre l'idée de la Terre obscure et humide, inhospitalière et le palais de Cronos qui sera embelli par Zeus, un palais dominé par Hélios. Apollon ne pouvait pas soupçonner que Maia était une déesse, une descendante de Gaia, la Grande Mère. Pour lui, comme pour tous les nouveaux dieux, l'avant était synonyme de rien, de néant, de désordre. Or, Hermès sort de cet avant avec tant de qualités qu'Apollon en est tout surpris. Ne pouvons-nous pas commencer par dire que les qualités que personnifie Hermès sont des qualités qui proviennent de la Terre et que Zeus les a révélées en mettant Hermès au monde ? Ne peut-on pas penser qu'Hermès est d'abord et avant tout un descendant de la Terre, qu'il est la personnification de la métis, l'intelligence rusée, que possède Zeus, bien entendu, intelligence que nous retrouvons dans le cadeau que Prométhée fait aux hommes et que Zeus s'efforcera de promouvoir en la plaçant sous l'autorité de la raison ? Hermès symbolise l'ingéniosité et ses inventions ne sont là que pour montrer l'étendue de ses interventions. S'il est la divinité qui donne le feu aux hommes, comment ne pas le situer en amont des enfants de Cronos ? Ne peut-on pas considérer son feu comme un feu intelligent, par opposition au feu de la Terre qui serait celui qu'utilisent les Cyclopes ? En associant la lyre et la flûte à la garde des troupeaux, les poètes ne nous font-ils pas comprendre que la musique n'est pas une invention d'Apollon ni même des Muses qui sont des filles de Zeus ? Cette musique qui vient de la nature, de la matière ingénieusement travaillée, représente un cadeau de l'avant à l'après, des dieux anciens aux dieux nouveaux. Hermès pourrait bien naître après les trois guerres conduites par Zeus contre les dieux anciens qu'il s'évertue à représenter comme des monstres, il est le fils de Maia et, par sa mère, puise toutes ses forces dans un passé que Zeus ne peut ni effacer, ni maîtriser.

Ne faut-il pas envisager le vol d'Hermès, assez particulier, sous un autre angle, ne pas lui accorder la moindre vraisemblance et chercher le ou les symboles qui sont cachés dans le texte ?

Pour y parvenir, il faut d'abord lui opposer une autre transhumance, celle d'Héraclès chargé par Eurysthée de ramener les bœufs de Géryon. Cette épreuve initiatique imposée à Héraclès est assez invraisemblable elle aussi, mais traduit d'autres intérêts de la part des aèdes qui se sont succédé et se sont efforcés de mettre en valeur les multiples voyages qui ont traversé la mer dans tous les sens pour établir des comptoirs, pour commercer, pour conquérir de nouveaux territoires. Héraclès est un combattant et tout au long de ses pérégrinations nous le surprenons en train de lutter contre des adversaires souvent monstrueux. En généralisant peut-être à outrance je dirai qu'il porte la bonne parole, celle de Zeus, à l'aide de sa massue et de ses flèches ! Il est l'intermédiaire entre deux âges divins, entre deux divinités majeures, Gaia secondée par Poséidon et Zeus secondé par Héra. C'est Héra qui a fait en sorte, en retardant la naissance d'Héraclès, que le fils de Zeus passe sous la tutelle d'Eurysthée qui se comporte comme un hiérarque et reste étroitement lié à Héra qui surveille l'Alcide devenu Héraclès, nom qui signifie la Gloire d'Héra. Pierre Grimal, dans son *Dictionnaire de la Mythologie,* nous dit que ce nom lui aurait été donné par Apollon au moment où il serait devenu un serviteur d'Héra. Mais Héra est au service de Zeus et toute la stratégie de Zeus consiste à faire faire le travail d'initiation à son ordre par ses serviteurs. Héra ne cesse d'accompagner ou de provoquer les héros que Zeus a décidé d'immortaliser à sa façon, disons par le feu de l'idée, et tout au long des douze épreuves imposées à Héraclès, elle l'aide le plus souvent en le plaçant en situation de combat et dans l'obligation de vaincre.

Les premiers travaux d'Héraclès vont servir à dominer la matière, mais il restera toujours dépendant de la force la plus originelle qui est la force génésique, cette force qui le pousse à rechercher toutes sortes d'unions, à faire des enfants, et finalement éveiller la jalousie de sa dernière femme Déjanire qui, sans le savoir, le conduira à sa fin, autrement dit à se donner au feu qui purifie tout. Cette éducation mystique passe par divers état et si le corps est le premier objet de sacrifice, il n'est surtout pas le dernier. Avant de mériter l'immortalité, symbolisée par les Pommes d'Or des Hespérides, il devra descendre en Enfer et en revenir, ce que nous rappellerons plus loin, car il fut accompagné dans ce voyage intérieur par Hermès. L'objectif était alors de ramener le chien d'Hadès, le fameux Cerbère. L'épreuve qui précède cette descente aux Enfers est la capture des Bœufs de Géryon pour les ramener à Eurysthée, autrement dit à Héra qui les sacrifiera à sa cause, autrement dit à l'ordre que veut imposer Zeus aux mortels autant qu'aux dieux.

Géryon était un monstre à trois têtes ou même à trois corps à partir de la ceinture. Il était le fils de Chrysaor et de l'Océanide Callirrhoé. Pour comprendre la suite de l'aventure, il faut se souvenir que Chrysaor était le fils de Poséidon et de Méduse. Pégase était son frère. C'est au moment où Persée avait coupé la tête de Méduse que ces deux enfants étaient sortis du cou sanglant de la Gorgone. Tandis que Pégase s'était élancé vers le Ciel, Chrysaor était né en brandissant une épée d'or. Nous devons alors comprendre que l'épée, qui n'est plus ici une arme de combattant ordinaire, mais une arme de guerre sainte, symbolise un combat intérieur nécessaire pour détruire le mal et libérer le bien, détruire ce qu'il y a encore de chtonien chez le héros et délivrer ce qui relève de l'ordre nouveau voulu par son père. Le fait que Chrysaor soit fils de Poséidon et de Méduse pourrait nous inviter à un symbolisme différent. C'est parce que Persée, aidé par Hermès et Athéna, met fin à l'existence de Méduse que Chrysaor et Pégase peuvent sortir du corps de Méduse et se mettre, semble-t-il au service de Zeus. Or, pourquoi Chrysaor devient-il le père de Géryon, un géant qui rappelle les monstres que Zeus n'a cessé de combattre ? Quels sont les bœufs qu'il garde avec son chien Orthros, ou Orthos, né lui-même et d'Échidna, sa sœur ? Échidna avait le buste d'une femme et le reste de son corps ressemblait à la queue d'un serpent. Comment oublier qu'Échidna avait eu de nombreux enfants monstrueux. Avec Typhon elle avait eu Orthos, mais aussi Cerbère, l'Hydre de Lerne et Chimère. Avec Orthos elle aurait eu le Lion de Némée. Et comme on ne prête qu'aux riches selon la vieille formule, elle aurait eu le dragon qui gardait la Toison d'Or en Colchide et l'aigle de Zeus qui dévorait le foie de Prométhée !

Est-il nécessaire de faire un inventaire exhaustif des monstres qui se dressèrent sur la route des héros alors qu'il suffit de comprendre que tous les dragons, tous les monstres représentent, sur le plan symbolique, les enfants de Gaia, les enfants de la Terre, les puissances chtoniennes qui correspondent à la première génération des dieux ? Hésiode nous en parle longuement et nous pourrions nous perdre dans cet ensemble grouillant de monstres à la fois serpents ou dragons, mi-hommes mi-bêtes, redoutables par la force et par la nature combative. Ce qui les caractérise probablement le mieux est leur situation géographique. Ils se retrouvent pour la majorité d'entre eux aux confins de l'Océan, « du côté de la nuit », au pays des « Nymphes du Soir » (p.81) nous dit Hésiode. Or le soir représente l'instant où le Soleil se couche, meurt avant de renaître au Levant le matin. Le Couchant est bien le monde de la mort, de la fin de la vie, mais aussi, puisque nous y retrouvons le Jardin des Hespérides, le monde où se régénère la vie avant qu'elle ne réapparaisse au Levant. L'île d'Érythie, sur laquelle se trouve le troupeau de Géryon, se situe bien « *au-delà de l'immense Océan* » (p.165) nous dit Pierre Grimal et, par son nom, rappelle la couleur du Ciel au coucher du Soleil : l'île rouge.

Les monstres qui se retrouvent au Couchant signifient qu'ils sont sur le point de disparaître, d'achever une existence que Zeus contrôle désormais. N'oublions pas que le tableau d'ensemble, imaginé par Hésiode, et l'ensemble des légendes, plaçant Zeus au sommet de la pyramide des dieux, cherche à nous mettre en situation. Nous devons comprendre que le passé se meurt pour laisser renaître le futur. Les monstres peuvent retourner à la Terre, mais Héraclès a pour mission de ramener les âmes des mortels en fin de vie pour qu'ils renaissent en devenant à leur tour les servants d'Héra.

Nous pourrions dire ici qu'il y a deux façons de renaître. La première consisterait à se laisser engloutir dans la Terre, à redevenir de la matière avant d'être une nouvelle fois manifesté. La seconde consisterait à faire le voyage retour vers le Levant sous la surveillance d'un guide, en se plaçant sous la tutelle d'un dieu ou d'une déesse, Héra dans le cas d'Héraclès. Nous retrouvons les deux façons de prendre en charge la mort : par ensevelissement ou par crémation.

Nous devons nous demander pourquoi Chrysaor, enfant de Poséidon et de Méduse, la seule Gorgone mortelle, engendre encore des monstres pour combattre Héraclès. Comme je l'ai dit plus haut, Héra ne lui facilite pas la vie. Elle veut qu'il se dépasse à chaque épreuve, qu'il lutte et les monstres sont là pour lui rendre son initiation difficile, pour qu'il en mérite le fruit qui reste l'abandon de plus en plus grand de tout ce qu'il y a de mortel en lui. Arrivé à ce stade de sa métamorphose, il doit comprendre que conduire à son tour des âmes vers l'idéal que représente l'ordre de Zeus n'est pas une entreprise facile. L'épreuve consiste bien à ramener des âmes en fin de vie du Couchant vers le Levant, autrement dit à leur faire accepter cette renaissance telle que Zeus la conçoit et non telle qu'Asclépios pouvait la donner sur un plan purement matériel.

Or, si Héraclès vient à bout du chien qui gardait le troupeau, du berger Eurytion et de Géryon lui-même, il ne pourra pas conduire la totalité du troupeau jusqu'à Eurysthée qui les sacrifiera à Héra. Là encore, il ne faut pas imaginer un véritable sacrifice, mais une mise sous tutelle, une adoration nouvelle. À Gaia, les âmes doivent être volées avant d'être données à Zeus ! Héraclès qui est mortel montre, à traves ses différentes épreuves, ce que tout mortel doit entreprendre pour épouser la nouvelle conception de l'immortalité, celle des dieux de seconde génération.

Une lecture superficielle, anecdotique, comme celle qui pourrait se faire à partir de l'*Odyssée*, peut nous laisser penser que les aèdes ont essayé de montrer tous les voyages que les Grecs ont pu entreprendre en traversant la Méditerranée, ou l'Océan sur le plan des mythes. Comme le dit Pierre Grimal ;

« *C'est pendant le retour d'Héraclès en Grèce avec son troupeau, que se placent la plupart des aventures dans l'Occident méditerranéen.* » (p.194)

Ce serait même, à ce moment-là, qu'il aurait élevé de part et d'autre du détroit qui sépare la Lybie de l'Europe les fameuses colonnes d'Hercule. Héraclès serait donc allé jusqu'à

Gibraltar avant de prendre le chemin du retour. Ce retour a pu rassembler nombre de souvenirs de voyage or, si certaines légendes font remonter Héraclès jusqu'en Angleterre, lui font longer l'Espagne, la Gaule, l'Italie et la Sicile, le plus important n'est pas ce trajet que nous pourrions avoir envie de retrouver sur une carte, mais l'intervention une fois encore des dieux, en particulier d'Héra. Près de toucher au but, Héra envoie des taons piquer les bœufs de Géryon qui se dispersent dans les montagnes thraces. Ce n'est donc qu'une faible partie du troupeau que le héros peut ramener à son cousin Eurysthée.

Cette partie de la légende nous montre comment il est difficile, même aux initiés, de conduire d'autres mortels sur le chemin que l'on croit connaître. Héraclès n'est pas encore apte à contrôler les imprévus et il ne peut conduire que quelques âmes jusqu'à Héra. Un détail pourrait être négligé : celui qui traite de la coupe du Soleil. Pour traverser l'Océan, autrement dit la Méditerranée, Héraclès emprunte au Soleil la coupe qui lui sert ordinairement à revenir vers le levant après avoir traversé le Ciel tout au long de la journée. Pierre Grimal juge bon d'en rappeler l'usage :

« *C'était une grande coupe sur laquelle le Soleil s'embarquait, chaque soir, quand il avait atteint l'Océan, afin de regagner son palais dans l'Orient du monde.* » (p.194)

Nous voyons vite qu'il s'agit d'un symbole et nous le comprenons plus encore lorsqu'il s'agit d'embarquer le troupeau de Géryon pour revenir vers le Levant, autrement dit l'autel où seront sacrifiés les bœufs qui n'ont pas été perdus. Il est difficile de faire référence à Platon pour expliquer le rôle du Soleil dans une telle aventure et imaginer qu'en dehors de sa coupe il a quelque importance. Il suffit de lire Homère pour s'apercevoir qu'Hélios, n'est qu'un simple observateur au service de Zeus et qu'en dehors des renseignements qu'il peut donner il n'est pas une divinité importante. On le comprend très bien lorsqu'il se plaint des marins d'Ulysse qui ont mangé de son bétail. Nous le percevons aussi lorsqu'il ne peut seconder Héra lors de l'accouchement de Léto qui ne pouvait mettre ses enfants au monde que dans un lieu qui ne serait pas éclairé par les rayons du Soleil ! Poséidon avait alors caché Léto à l'ombre d'une vague géante.

Héraclès dut menacer Hélios pour obtenir sa coupe et nous pouvons penser que l'association ne fait que renforcer l'idée d'un voyage aller-retour entre le Levant et le Couchant.

Entre la facilité avec laquelle Hermès vole des génisses à Apollon, et la difficulté que rencontre Héraclès, nous avons les racines d'une explication qui peut être le fruit d'un début d'interprétation, mais qui mérite d'être envisagée.

Héraclès est un demi-dieu, pour reprendre l'expression d'Hésiode, un mortel qui tente d'accéder à l'immortalité. Hermès est un dieu dès sa naissance. Au lieu de subir une épreuve, nous pouvons dire qu'il en inflige une à son frère Apollon. Faut-il jouer sur la différence qui existe entre les différents animaux mis en scène : pour Hermès, il s'agirait de génisse, autrement dit de jeunes vaches n'ayant pas encore eu d'enfants, pour Héraclès il s'agirait de bœufs et même d'un taureau. Le taureau aurait été ramené juste avant, mais de Crète. Selon certaines légendes il s'agissait du taureau sur lequel Zeus avait enlevé Europe, pour d'autres il s'agirait du taureau avec lequel Pasiphaé avait mis au monde le Minotaure. Restons avec les bœufs qui sont pour les hommes de véritables compagnons de travail puisque c'est avec eux qu'ils labourent leurs terrains pour faire lever le grain et obtenir la farine puis le pain.

Je crois qu'il faut retenir l'interprétation que nous donne le *Dictionnaire des Symboles* à leur sujet.

« *Les bœufs de Géryon, le géant à trois têtes, seraient les prêtres du delphisme primitif, dont Géryon serait le pontife suprême ; il aurait été vaincu et tué par Héraclès ; le culte delphique aurait été ensuite renouvelé...*

Le Pseudo-Denys l'Aréopagite résume en ces termes la symbolique mystique du bœuf : la figure du bœuf marque la force et la puissance, le pouvoir de creuser des sillons intellectuels pour recevoir les fécondantes pluies du ciel, tandis que les cornes symbolisent la force conservatrice et invincible. » (p.134)

Sans aller trop loin dans ce domaine, notons que Delphes est un lieu oraculaire où le pouvoir d'Apollon s'est certainement installé postérieurement à celui de Thémis qui aurait inventé les oracles et les dispensait comme Gaia aurait pu le faire elle-même probablement. Il y aurait bien passage d'une idéologie religieuse à une autre, abandon d'une croyance en Gaia, la Terre, pour adorer le Ciel, c'est-à-dire Zeus. Bien entendu, ce changement ne pouvait s'opérer sans tenir compte des prêtres qui assuraient les échanges entre les mortels qui venaient interroger l'oracle et les dieux qui leur répondaient.

L'épreuve d'Héraclès pourrait porter sur les âmes des mortels en fin de vie, ou sur le clergé chargé de les guider. Il me semble que les légendes les plus anciennes ont surtout cherché à expliquer le changement idéologique qui devait se voir dans les lieux oraculaires, mais aussi partout où des prêtres effectuaient des sacrifices, souvent au bénéfice des monarques comme chez les Mycéniens avant le développement des cités.

Il n'est pas immédiatement pensable qu'Hermès veuille changer la nature de l'ordre voulu par Zeus. Il est son fils comme Apollon et le vol doit avoir un autre sens que celui d'un changement sur le plan religieux. Cela dit Hermès n'est-il pas un dieu ancien en relation avec la Grande Mère et la fécondité que les aèdes placent tardivement sous la tutelle de Zeus en faisant de lui un de ses fils ?

Ce que nous pouvons dire sans attendre, c'est qu'Hermès montre à son frère qu'il est capable de conduire des âmes et leur faire traverser presque toute la Grèce sans difficulté, même en se déplaçant à reculons. D'ailleurs, Apollon le reconnaît et même lui transmet sa houlette d'or en forme de caducée. Mais reconnaît-il ses qualités de pasteur ou bien veut-il seulement entrer en possession de la lyre dont Hermès semble tirer des sons les plus agréables ? Pourquoi fait-il marcher les âmes à reculons ? Ne serait-ce pas, une fois encore, pour faire comprendre à Apollon qu'il n'y a pas qu'une façon de conduire les âmes ? Hermès n'aurait-il pas ramené cette portion de troupeau dans une grotte pour montrer que les étables nouvelles ne sont pas meilleures pour les garder ?

En parlant du caducée, nous approchons de la nature du jeune dieu qui vient de voler du bétail à Apollon. Le *Dictionnaire des Symboles* nous dit à ce propos :

> « *La baguette magique que représente le caducée et qui est généralement composée d'une verge autour de laquelle s'enroulent deux serpents évoque des cultes, très anciens dans le bassin égéen, de l'arbre et de la terre nourricière des serpents...*
> *On est donc en droit de regarder la baguette du caducée d'Hermès (et aussi, d'ailleurs, le bâton du caducée d'Esculape) comme le symbole de l'arbre, associé, demeure ou substitut de la divinité...*
> *Le caducée est un symbole d'équilibre par l'intégration de forces contraires. Il représente le combat entre deux serpents, qu'arbitrerait Hermès. Ce combat peut symboliser la lutte intérieure entre des forces contraires, d'ordre biologique ou d'ordre moral, qui compromet la santé ou l'honnêteté d'un être.* » (p.154)

Si nous retenons cette opposition entre deux forces de la nature que pourraient représenter les serpents, l'une bénéfique, l'autre maléfique, nous voyons déjà qu'Hermès est celui qui établit une sorte d'équilibre entre les deux, une sorte d'harmonie aussi bien entre ces forces à l'intérieur des hommes qu'entre celles qui semblent s'opposer entre le Ciel et la Terre. L'arbre, la colonne, la pierre dressée par Zeus lorsque Cronos la recrache, tout indique cet axe vertical qui relie le haut et le bas, aussi bien à l'échelle cosmique qu'à l'échelle humaine. C'est bien le long de cet axe essentiel et existentiel que se trouve attaché Prométhée tandis que l'aigle de Zeus lui ronge le foie : ce qu'il y a d'immortel en lui. Or le serpent est de nature chtonienne et nous pouvons penser qu'Hermès est sollicité par Zeus, qui n'engendre pas sans raison, pour établir un échange entre les deux mondes : un monde qui ne voit jamais la lumière, celui des Enfers, et un monde plongé dans la lumière, depuis la castration d'Ouranos, avec à son faîte la voûte céleste où vivent les dieux de seconde génération. L'homme qui vit à la surface de cette Terre doit apprendre à se servir des forces souterraines pour monter au Ciel. C'est un peu le symbole que représente Pégase. La légende de Bellérophon, mieux que celle d'Icare, montre la difficulté de maîtriser ces forces. Le héros rempli d'orgueil ne saura pas conduire Pégase et sera précipité sur Terre au lieu d'atteindre le Ciel.

Hermès est le dieu qui équilibre les tensions, sait utiliser les contraires et surtout apprend aux mortels à voyager entre des opposés. Il ne fait rien de lui-même, il accompagne ceux qui font et c'est ainsi que nous pouvons comprendre la descente d'Héraclès en Enfer pour rapporter à Eurysthée le chien d'Hadès. Il faut se souvenir que la fonction de Cerbère consiste à interdire la sortie de l'Enfer. Pour réussir cet exploit, le fils de Zeus s'était fait aider par Hermès et Athéna et avait été initié aux Mystères d'Éleusis. Hadès avait consenti à ce qu'Héraclès emporte son chien à cette seule condition qu'il n'utilise pas ses armes. Héraclès le prit dans ses bras pour l'immobiliser et en l'étouffant à moitié parvint à le conquérir. Cette épreuve montre comment un mortel doit apprendre à voyager en Enfer, mais aussi à dominer le Cerbère qui est en lui et lui interdit toute évasion vers la lumière. Nous pourrions dire ici que l'homme se met lui-même dans la situation des ombres, qu'il se tient aussi bien en Enfer que sur terre pour travailler et qu'en se laissant dominer par son angoisse de mort il se maintient lui-même dans les entrailles de la Terre.

La légende de Perséphone semblerait, avec les Mystères d'Éleusis, nous enseigner l'art de ressortir des Enfers, mais nous ne sommes pas une divinité comme la fille de Déméter et les mythes nous apprennent, lorsque nous les interprétons en ce sens, à nous défaire de nos inquiétudes pour dépasser ce qu'il y a de chtonien en nous et à ne plus nous comporter en simples mortels.

La légende nous montre Héraclès tirant son épée contre l'ombre de Méduse et l'intervention d'Hermès pour lui faire comprendre qu'elle ne peut rien faire contre lui. Cela ne devait pas l'empêcher de bander son arc contre l'ombre de Méléagre. On voit là qu'il est difficile de ne pas confondre le vrai du faux, l'homme de son ombre, la vie et la mort. C'est cette confusion qui interdit tout dépassement de soi, toute élévation au-dessus du matériel. Ce qu'Hermès apprend à Héraclès c'est à voir la réalité des choses, à ne pas tout confondre, mais la leçon est difficile et Héraclès n'en tirera pas réellement profit.

Lorsqu'Héraclès délivre Thésée et ne peut faire ressortir Pirithoos de l'Enfer, il pourrait aussi penser qu'Hadès a évalué la témérité des deux demi-dieux. Pirithoos rêvait d'enlever Perséphone, il n'avait pas compris qu'un mortel ne peut imposer quoi que ce soit à une divinité et qu'elle n'est que la manifestation d'une force qu'il faut apprendre à posséder. Héraclès s'était instruit avant de descendre en Enfer, Pirithoos avait, comme Bellérophon, oublié d'être modeste et de demander avant de prendre ou d'apprendre.

Le voyage d'Héraclès en Enfer est important parce qu'il le fait en compagnie d'Hermès et qu'Hermès est près de lui pour lui éviter toutes sortes d'erreurs que son comportement de guerrier pourrait provoquer. On ne combat pas des ombres, on apprend à dialoguer avec elles ! C'est ce que nous pourrions dire ici !

En commençant cette étude sur Hermès par une réflexion sur la musique, capable de nous aider à vaincre notre Cerbère personnel, j'ai voulu souligner l'un des caractères majeurs d'Hermès. Hermès est un berger, mais il n'est là que pour nous garder, nous laisser prendre la nourriture dont nous avons besoin, éventuellement, et, sans avoir à se justifier ou nous alerter, il peut nous aider. Nous pouvons même penser que lorsque nous trouvons notre chemin pour progresser sur le meilleur d'entre eux, c'est lui qui est intervenu pour nous l'indiquer, nous orienter. N'oublions pas qu'il est invisible !
Comme le dit la légende, et même Hésiode, il fait fructifier le butin, et le butin n'est pas toujours une richesse objective, en or, en femmes ou en bétail, il ne résulte pas toujours d'une guerre et le butin pourrait bien être entendu comme un ensemble de vérités indémontrables ou inobservables que l'homme peut percevoir lorsqu'il n'est plus dépendant d'une quelconque hiérarchie des valeurs.

Il faut parler ici de l'image symbolique d'Hermès portant un agneau ou un bélier sur ses épaules. Il s'agit d'« Hermès Criophore ». Ce nom, qui semble particulièrement utilisé dans la ville de Tanagra en Béotie, située sur le fleuve Asopos, vient des mots grecs : Krios, c'est-à-dire le bélier, et phoros signifiant qui porte. La légende dit que pour délivrer la ville de la peste, Hermès aurait fait le tour des murailles de la ville en portant un bélier sur ses épaules.

Pour aller plus loin dans cette vision d'Hermès et de la légende, il est possible de faire référence à un article produit par Paul Perdrizet et publié dans le *Bulletin de correspondance héllénique* en 1903. L'auteur travaille sur les reproductions d'Hermès trouvées dans des fouilles archéologiques, mais nous pouvons garder ces précisions concernant la divinité.

« *À l'époque historique, ce dieu a été figuré criophore... Il est permis de croire qu'à une époque plus reculée, les Arcadiens se l'imagineraient comme un esprit incarné dans le bélier et que c'est pour avoir été primitivement le mâle qui féconde le troupeau qu'Hermès a jusqu'à la fin du paganisme, montré sans honte sa virilité...*

Le dieu pastoral a été représenté criophore pour des raisons qui s'expliqueraient pour nous, si nous connaissions mieux les rites du culte que le dieu-bélier recevait à une époque très ancienne.

Pausanias rapporte qu'Hermès délivra Tanagra d'une peste en faisant le tour les murs de la ville un bélier sur les épaules, en mémoire de quoi chaque année lors de la fête du Criophore, le plus bel éphèbe faisait autour des murs de Tanagra une promenade rituelle, un bélier sur le dos. Quel était le but de ce rite ? Sûrement de décrire autour de la ville un cercle magique : tout ce qui se trouvait à l'intérieur du cercle, bêtes et gens, richesses et récoltes, était soustrait à l'influence maligne qu'il s'agissait de conjurer.

Le rite ambulatoire était capital dans le culte d'Hermès-Nomios pour une raison facile à deviner : les troupeaux dont il est le dieu sont sujets à des contagions soudaines et sans remède dont les conséquences devaient être sensibles à des primitifs qui n'avaient guère que des troupeaux comme subsistance. La religion de ces primitifs consistait donc surtout en sacrifices destinés d'une part à rendre le troupeau fécond, d'autre part à écarter du troupeau les épizooties. Une force ambiguë fait croître et multiplier le troupeau, mais peut aussi le détruire par contagion : il faut, par un piacula, se concilier cette force. Les statues d'Hermès criophore représentent l'acte essentiel de ces piacula – promenades circulaires de la victime avant le sacrifice. [10]»

Paul Perdrizet met en rapport, fort justement, la représentation du dieu et la réalité socio-économique des Grecs de cette époque reculée. Comme pour l'ensemble des divinités, la représentation sous forme de figurines en plâtre ou en bronze d'Hermès ne pouvait être qu'une sorte d'échange de services : le sacrifice du bélier offert au dieu permettait d'espérer sa protection. Mais cela nous invite à penser que cet Hermès, bien avant d'être le fils de Zeus, était un dieu honoré par des hommes pour qui l'élevage était la principale ressource. Nous ne sommes pas encore devant un dieu messager de Zeus, tel qu'il sera considéré lorsque ce dernier deviendra le grand monarque d'un Ciel qui donne l'exemple d'une justice, telle qu'Hésiode la présente dans *Les Travaux et les Jours*.

Il est possible de penser aussi qu'Hermès a perdu de son importance au moment où les hommes sont devenus des agriculteurs et plus encore des citadins. Certes l'activité de pasteur a pu garder de l'importance encore longtemps, mais le pouvoir, à l'intérieur de la cité, dépendant de plus en plus des terres cultivées, son influence a pu s'amenuiser progressivement jusqu'à être presque nulle au temps d'Hésiode. Peut-être aussi pouvons-nous mieux comprendre sa faible présence pendant les combats qui se déroulent devant les murs de Troie ?

Ou bien alors devons-nous imaginer que, dans l'esprit du poète, tourné essentiellement vers l'intelligence des dieux qui pensent, Hermès perd son rôle de pasteur et ne garde plus que ses qualités de brigand, de voleur ou de menteur ? C'est bien ce qu'Apollon retient si nous faisons référence à l'« Hymne à Hermès » :

« *Enfant dont la tête est pleine de ruses et de tromperies, je pense que souvent tu sauras t'introduire pendant la nuit, dans les plus belles des maisons habitées, pour les dévaliser, et qu'après ton départ les malheureux propriétaires*

---

[10] PERDRIZET P. « Hermès Criophore ». *Bulletin de correspondance hellénique*. 1903, Volume 27, N°1, p.311.

n'auront d'autre ressource que de coucher sur la dure ! » (p.104)

    Apollon reporte sur les mortels l'aventure qui fut la sienne ! Il est même permis de penser ici que le fait de se rendre invisible permettra à Hermès de mieux opérer l'ensemble de ses larcins. Les récits légendaires vont encore plus loin en donnant à Hermès un fils pire que son père. Autolycos était né des embrassements d'Hermès et de la fille d'Éosphoros. Pierre Grimal nous en parle abondamment :

    « *De son père, Autolycos tient le don de voler sans n'être jamais surpris. Aussi ses larcins sont-ils fort nombreux. Il vola à Amyntor un casque en cuir, qu'il donna à Ulysse, et que celui-ci porte dans son expédition nocturne contre Troie, avec Diomède. Puis, à Eurytos, il déroba des troupeaux en Eubée. Il vola également, mais sans succès, des animaux à Sisyphe. Pour rendre ces vols impossibles à découvrir, il excelle à camoufler les animaux, en teignant le pelage des bœufs, par exemple. D'après certains auteurs il a même le don de se transformer.* » (p.61)

    Ne quittons pas Hermès enfant et pasteur sans nous attarder sur la notion même de berger. Le *Dictionnaire des Symboles* nous aide à en dégager ce qui se rapporte le mieux à notre divinité.

    « *Le symbolisme du berger comporte aussi un sens de sagesse intuitive et expérimentale. Le berger symbolise la veille : sa fonction est un constant exercice de vigilance ; il est éveillé et il voit. De ce fait, il est comparé au soleil qui voit tout et au roi. Par ailleurs, le berger symbolisant le nomade, comme il a été dit, est privé de racines ; il représente l'âme qui, dans le monde, n'est jamais indigène, mais toujours de passage. À l'égard de son troupeau, le berger exerce une protection liée à une connaissance. Il sait quelle nourriture convient aux animaux dont il a la charge. Il est un observateur du ciel, du soleil, de la lune, des étoiles ; il peut prévoir le temps. Il discerne les bruits et entend venir les loups ou bêler la brebis égarée.*

En raison des différentes fonctions qu'il exerce, il apparaît comme un sage, dont l'action relève de la contemplation et de la vision intérieure. » (p.117) Bien entendu, le troupeau comme le berger ne sont que des allégories. Les hommes sont sous la protection d'un berger divin et c'est lui qui les protège du loup ou de tout ce qui pourrait les détruire. Ce sont les mortels qui cherchent une protection, mais il y a longtemps qu'ils ont pris en charge les plus matérielles, que ce soit pour les opérations agricoles, pour les difficultés ordinaires de la vie, pour la guerre et tout ce qu'elle apporte comme tourments. Ce que les dieux et Hermès en particulier apportent aux hommes c'est une protection spirituelle, une sorte de sagesse constamment remise en question. La vigilance la plus délicate se trouve sur le plan des idées et c'est là que les dieux interviennent. Comprenons qu'Hermès n'agit pas comme Apollon, non plus comme Athéna. Chaque divinité a sa propre façon de guider les hommes et se comporte comme un berger.

Pourquoi l'« Hymne à Hermès » retient-il surtout que cet enfant, qui ne manque pas d'esprit, est appelé à devenir, du moins c'est Apollon qui le dit, le « prince des brigands » ? Ne faudrait-il pas s'interroger sur le fait qu'Hermès ne vole pas du bétail à n'importe qui, mais à Apollon, chargé par Zeus de diriger l'oracle de Delphes à la place de Thémis ? Quel est vraiment l'objet du vol ? N'y aurait-il pas ici une allusion, non à l'homosexualité d'Apollon qui serait plus attentif à ses amours qu'à son troupeau, mais à la nature de la nourriture qu'Apollon peut proposer ? Hermès ne représenterait-il pas une autre façon de sortir de l'humaine condition, d'affronter la mort, ne proposerait-il pas un savoir qui serait distinct de l'ordre qu'impose son père ? Si Dionysos offre une vérité qui n'est pas celle de Zeus, pourquoi Hermès ne ferait-il pas de même, autrement ? Bien entendu, avant d'agir comme un bon berger, il fallait qu'il ait un troupeau ! Hermès qui vient de naître serait-il imaginé par Zeus pour guider une partie de ses troupeaux, qu'il a confié à Apollon, vers d'autres pâturages, vers d'autres nourritures spirituelles, vers une autre conception de l'ordre que les aèdes ne font qu'imaginer à partir de quelques éléments de personnification ?

L'« Hymne à Hermès » semble le confirmer dans la réponse de Zeus à ses deux fils :

« *Et Zeus partit d'un grand éclat de rire en voyant son coquin de fils, né la veille, nier avec tant d'artifice et d'habileté. Il ordonna à tous deux de faire des recherches sans plus se quereller, et à Hermès le Messager d'indiquer de bonne foi à son frère, en prenant les devants, l'endroit où il avait caché les génisses...* » (p.109)

Zeus est ordonnateur de tout ce qui se passe dans le monde et s'il a donné le jour à Hermès cela ne peut avoir été pensé sans raison ! Bien entendu, Zeus n'est que la personnalisation des puissances de l'esprit rationnel dans la pensée des aèdes. La mythologie est une vaste construction, à un moment donné, d'une vision particulière émanant d'individus en avance sur leur temps et cherchant à guider les hommes. Nous pouvons dire que ce sont des sages, mais ils sont aussi des administrateurs de vie et cherchent à l'ordonner à partir de leurs analyses propres. Avant de donner la priorité à Zeus, ils l'ont donnée certainement à d'autres divinités et l'effort d'Hésiode ne peut nous distraire de cette antériorité. Hermès fut certainement apprécié autrement, des millénaires avant les débuts de l'écriture ! S'il est devenu un voleur, un menteur, un messager aussi, c'est essentiellement dans un contexte religieux qui a fortement changé avec le développement des cités dans la première moitié du VIIIe siècle avant notre ère.

Pour aller encore plus loin, il faut relire Pierre Lévêque lorsqu'il parle de la religion des cités, lorsqu'il nous fait vivre à l'époque d'Homère et plus près de nous encore. Il faut comprendre que la religiosité des Grecs de cette époque est étroitement liée à la politique qu'imposent les aristocrates devenus responsables des cités, mais aussi des faits économiques ou militaires. La nouvelle forme de guerre entraîne des efforts d'éducation, d'initiation des adolescents, de séparations en classes d'âge. Les dieux du panthéon deviennent responsables de la justice, de l'ordre social, et c'est ce qu'Hésiode mettra en évidence dans Les travaux et les jours. Les déesses servent désormais de modèle pour tout ce qui concerne les naissances, le mariage, la conception de l'enfant, l'accouchement, l'allaitement, tandis que les hommes deviennent des héros, aussi bien sur le plan guerrier, avec les héros mycéniens, que sur le plan médical, avec Asclépios, ou plus encore sur le plan des explorations comme en témoignent Ulysse, Héraclès ou les Argonautes. Enfin, Pierre Lévêque s'interroge sur le rapport nouveau qui existe entre la mantique et les premières cités grecques, tout particulièrement à Delphes.

Au pourquoi de cette « récupération » il répond :

« *Parce qu'elle rassure, dans un monde en crise, par son aspect normatif ; l'oracle ne dévoile pas l'avenir, il donne au consultant les instructions du dieu. Parce que Delphes, "foyer commun de l'Hellade ", divulgue une idéologie du juste milieu, proprement aristocratique, qui apparaît bien dans la fameuse maxime "Rien de trop », plus tard gravée sur le temple d'Apollon... »* (p.267)

Comment ne pas percevoir l'apport des aèdes dans cette progression sociale, politique, économique, culturelle, religieuse ? Comment Apollon n'aurait-il pas la part belle et Hermès ne deviendrait-il pas un simple complément à cette idéologie ? Non seulement il devient le dieu qui met en lumière ce qu'il ne faut pas faire, mais il devient aussi celui qui apporte les messages de Zeus !

Ou bien Hermès devient invisible puisqu'il a perdu ses fonctions anciennes ? Il est même remplacé par Hécate qui trouve une place de choix dans la *Théogonie* d'Hésiode. À ce propos, Pierre Lévêque nous dit :

« *Le panthéon demeure plastique comme il est naturel dans un polythéisme. Aux âges sombres, Apollon et Aphrodite s'y sont intégrés et se sont rapidement hellénisés. C'est maintenant le tour de deux Grandes Mères asiatiques, Hécate et Cybèle... Un passage de la Théogonie d'Hésiode insiste sur les honneurs exceptionnels que lui rend Zeus et sur sa puissance universelle...* » (p.257)

Ou bien Hermès, tout juste associé à Hécate, trouve dans sa mise au second plan des qualités que les plus habiles des aèdes illustrent par de nouvelles fonctions comme celle de psychopompe ?

Hermès invisible ou Hermès inattendu, surgissant devant les hommes, ne serait-il pas le dieu de tout ce qui ne se cherche pas, de ce qui ne s'observe pas, ne s'évalue pas ? Les autres dieux devenant des intermédiaires pour tout ce qui est concret, utilitaire sur le plan politique et économique de la cité, Hermès ne serait-il pas, dans cette nouvelle structuration du religieux, la divinité qui conduit l'homme dans la nuit ?

Il était le dieu des pasteurs, il deviendra le dieu des commerçants, et des voleurs, le dieu des voyageurs, il deviendra le dieu des orateurs. À partir de ses attributions nous percevons l'évolution de la vie des Grecs qui, en dehors de se faire la guerre entre cités, deviennent de grands voyageurs et de grands commerçants. Ce n'est plus sur mer qu'ils peuvent garder des troupeaux et il semble alors que l'enrichissement, l'accroissement du butin soit davantage lié à l'intrépidité des marins qui bravent les imprévus. Or Hermès est le dieu qui assure un bon voyage, qui met à l'abri de tout événement inattendu et dangereux, de tout accident et l'on parle alors de « don d'Hermès » lorsque tout se passe bien.

Comment ne pas associer Hermès à l'avènement de l'agora ? L'orateur est soutenu par Hermès, c'est lui qui donne le don de la parole comme il l'a donné à Pandore, mais pour tromper les hommes si l'on en croit Hésiode. De là à en faire le protecteur des prostituées, il y a un grand pas, mais n'a-t-il pas mis dans la bouche de Pandore l'art de tromper les hommes et de les inviter à faire l'amour au lieu de penser à l'immortalité ? Hermès ne deviendrait-il pas le dieu à tout prendre en charge dans un monde en pleine évolution ?

UN DIEU INVISIBLE

Nous pouvons dire que les dieux sont tous invisibles puisqu'ils sont l'œuvre de notre pensée et que jamais nous ne les rencontrons si ce n'est en image et dans les légendes. Toutefois, Hermès mérite une mention particulière. Retenons pour commencer quelques détails légendaires.

Dans la Gigantomachie, les dieux interviennent aux côtés de Zeus, plus particulièrement Athéna. Les Géants sont les enfants de la Terre et du sang d'Ouranos tombé sur elle au moment de sa castration. La légende nous dit qu'ils ne sont pas immortels et que pour mourir ils devaient être tués par un dieu et par un mortel. Peut-être que Zeus a mis au monde Héraclès pour combattre les Géants ! Si Athéna, qui porte l'égide comme son père, est avec Zeus la principale adversaire des Géants, Dionysos aurait pris part à cette guerre avec les Satyres, armé de son thyrse et de torches. Les légendes successives firent intervenir d'autres divinités comme Arès, Héphaïstos, Poséidon et même Aphrodite et Éros son fils, mais on peut penser que les poètes ont cru bien faire. Comment Aphrodite et Éros auraient-ils participé à cette guerre s'ils sont nés une fois que Zeus est devenu monarque ?

En ce qui concerne Hermès, il est dit qu'il était coiffé du casque d'Hadès qui le rendait invisible et qu'il put ainsi tuer le géant Hippolytos. La légende ne nous apprend rien sur ce géant, mais il faut tout de même retenir cette première intervention où le fait d'être invisible le rend invulnérable. Notons cependant que cette invisibilité dépend du casque d'Hadès.

Tous les Géants ne firent probablement pas la guerre en même temps et les légendes les dissocient souvent. En parlant des Aloades, qui étaient des fils de Poséidon, qui mesuraient dix-sept mètres, la légende dit qu'ils avaient projeté de monter au Ciel en empilant les montagnes les unes sur les autres. Ils voulaient aussi assécher la mer et voulaient faire l'amour avec Héra et Artémis. Dans le même temps, si l'on en croit la légende, ils auraient voulu punir Arès d'avoir envoyé un sanglier contre Adonis pour le tuer, par jalousie, et ils avaient enfermé le fils de Zeus dans un pot de bronze où il serait resté treize mois avant qu'Hermès ne le délivre. La légende ne dit pas comment Hermès délivra le pauvre Arès.

Il ne semble pas que les dieux aient secondé Zeus activement dans ses guerres conte les dieux de première génération. Les légendes les citent plus pour la forme que pour donner des précisions. En réalité, il s'agissait bien d'un combat entre deux conceptions du gouvernement du monde et face à Gaia ou ses enfants, il y avait surtout Zeus et Athéna. C'est probablement contre Typhon que l'aide d'Hermès fut décisive. Hésiode qui parle assez longuement de la guerre entre Zeus et Typhon ne parle pas de l'intervention d'Hermès.

Pour connaître l'action d'Hermès, il faut se référer à M. Grant et J. Hazel et leur article dans le Who's who de la Mythologie :

« *Le monstre prit le dessus sur Zeus et lui arracha sa harpé, ou faucille, qu'il utilisa pour couper les tendons des bras et des jambes du dieu, laissant ce dernier au sol sans défense. Puis il s'empara des foudres du roi des dieux et confia les tendons à la garde d'un autre monstre, Delphyné, moitié femme moitié serpent ; celle-ci les cacha dans la grotte Corycienne, en Cilicie, sous une peau d'ours. C'est dans cette caverne, également, que Zeus infirme fut retenu prisonnier. Quelque temps plus tard Hermès et Aégipan allèrent dans la grotte et réussirent à détourner l'attention de Delphyné. Ils dérobèrent les tendons et les remirent en place dans les membres de Zeus...* » (p.411)

Faut-il souligner qu'Aégipan, qui pourrait être le dieu Pan, le fils d'Hermès ou de Zeus selon les légendes, se serait alors transformé en être mi-poisson mi-chèvre pour tromper

Delphyné. Comment Hermès récupéra les tendons de Zeus, la légende ne le dit pas. Pierre Grimal précise pour sa part :
« *Sans être aperçu de son ennemi, il parvint avec l'aide de Pan, à rattacher les tendons au corps de Zeus.* » (p.207)
Il semblerait donc qu'une fois encore Hermès ait revêtu le casque d'Hadès qui rend invisible.
Ce casque aurait été donné à Hadès par les Cyclopes comme la foudre, l'éclair et le tonnerre avaient été donnés à Zeus au moment de la guerre contre les Titans. M. Grant et J. Hazel nous disent brièvement :
« *Hadès est, probablement, à l'origine une épithète signifiant "l'invisible".* » (p.193)
Pierre Grimal ajoute :
« *Ce casque d'Hadès, pareil à celui de Siegfried dans la mythologie germanique fut ensuite porté par d'autres divinités, comme Athéna et même des héros comme Persée.* » (p.171)

Le *Dictionnaire des Symboles* va un peu plus loin et propose diverses interprétations.
« *Le casque est un symbole d'invisibilité, d'invulnérabilité de puissance...*
Même quand il ne confère pas ce privilège extrême (l'invisibilité), du moins manifeste-t-il la puissance. Tel, par exemple le casque d'Agamemnon décrit dans l'Iliade...
Le symbolisme du casque est à rapprocher de celui de la tête, qu'il recouvre directement. On peut dire à cet égard qu'il protège les pensées, mais aussi qu'il les cache : symbole d'élévation qui peut se pervertir en dissimulation surtout quand la visière est baissée...
Mais le fait que le casque soit un attribut particulier d'Hadès, roi des Enfers qui veille jalousement sur les morts, peut suggérer beaucoup d'autres interprétations. Le désir d'échapper aux regards d'autrui ne pourrait-il se satisfaire que dans la mort ? Ou bien le casque d'Hadès ne signifie-t-il pas la mort invisible qui rôde sans cesse autour de nous ? Ou bien, comme pour Gygès avec son anneau, le désir et le rêve de casque ne décèleraient-ils pas l'ambition du pouvoir suprême ou de la situation des dieux qui voient tout sans être vus ?...

Il pourrait indiquer que nous cherchons à nous cacher quelque chose à nous-mêmes, à nous cacher nous-mêmes et le signe de ce symbole de la puissance se retournerait pour ne plus exprimer que l'impuissance d'un être à s'exprimer intégralement lui-même. L'invisibilité ne servirait plus qu'à fuir le combat spirituel avec soi-même. » (p.177)

Il est étonnant que la nature même des Cyclopes ne soit pas évoquée ! Ne faut-il pas rappeler qu'Apollon a exterminé les Cyclopes, soi-disant parce que Zeus avait foudroyé Asclépios, son fils ? Mais si nous admettons qu'Apollon est le dieu de la sagesse, ne faudrait-il pas opposer sa sagesse et celle des Cyclopes ? Ne sommes-nous pas un peu trop enfermés dans une vision chrétienne et rationnelle des « yeux ronds » ? Certes, Polyphème mange de la chair crue, les marins d'Ulysse, et, comme Tydée, ne peut mériter la considération d'Athéna. Homère nous présente la supériorité d'Ulysse sur Polyphème, le fils de Poséidon dans l'*Odyssée*. Depuis cette rencontre, nous n'avons jamais cessé de privilégier un regard que je qualifie de binoculaire, celui d'Ulysse, par opposition à un regard de cyclope que nous pouvons confondre avec ce que nous appelons aujourd'hui celui du « troisième œil ». Hermès est comme mis en quarantaine par les tenants d'un regard binoculaire. Comme les Cyclopes, Hermès ne serait-il pas une divinité capable d'utiliser cet œil qui ne discrimine pas, qui ne morcelle pas pour comprendre, qui ne s'appuie pas sur des sensations pour évaluer ce qu'il considère comme le réel ? Mieux, peut-être, Hermès serait lui-même cet œil qui voit tout sans être vu ?

Dans ce cas, Hermès ne serait pas seulement invisible aux yeux des mortels, il serait dégradé par des dieux comme Apollon à qui Thémis aurait enseigné l'art de la divination. Hermès est probablement un dieu ancien qui tenait des Grandes Mères un savoir chtonien et une sagesse invisible pour les nouveaux dieux, invisible parce que Zeus l'avait combattue pour garder le pouvoir. Dire qu'Hermès est invisible, ne serait-ce pas d'abord lui refuser ses qualités propres, le tenir à distance de l'esprit rationnel ? Retenons ce que nous dit le *Dictionnaire des Symboles* à propos du troisième œil :

« *Cette perception unitive est la fonction du troisième œil, l'œil frontal de Çiva. Si les deux yeux physiques correspondent au soleil et à la lune, le troisième œil correspond au feu. Son regard réduit tout en cendres, c'est-à-dire qu'exprimant le présent sans dimensions, la simultanéité, il détruit la manifestation... C'est en fait un organe de la vision intérieure ; et partant une extériorisation de l'œil du cœur... Le troisième œil indique la condition surhumaine, celle où la clairvoyance atteint sa perfection...*
L'œil unique, sans paupières, est par ailleurs le symbole de l'Essence et de la Connaissance divine. » (p.886)

Il est plus qu'évident que les aèdes qui ont donné le pouvoir, à travers les dieux de deuxième génération, à la vision binoculaire du monde, nous ont transmis un moment de leur pensée et de l'évolution de l'esprit humain. C'est dans ce contexte de choix qu'il faut situer Hermès et ses qualités propres, certaines pouvant alors passer pour des défauts afin de mettre en valeur les qualités des autres dieux. La compétition pour le pouvoir se situe essentiellement entre les dieux, les déesses ayant été écartées parce qu'elles ne correspondaient plus aux besoins d'une humanité citadine, guerrière et politisée. Étant donné que depuis près de trois mille ans nous n'avons pas cessé de préférer la ville à la campagne, l'industrie à l'agriculture, nous ne pouvons que soutenir la monarchie de Zeus, une monarchie éclairée par la raison et par un regard binoculaire.

Dans ce contexte, l'invisibilité a pu devenir le symbole de l'intériorité.

Une autre légende traite de l'invisibilité, et d'Hermès indirectement, celle de Persée.

La légende dit que Persée avait promis à Polydectès de lui ramener la tête de la Gorgone, plus exactement de Méduse qui était seule mortelle parmi les trois sœurs. Il s'agissait d'un exploit qui pouvait faire périr le héros alors que Polydectès, qui régnait à Sériphos, nourrissait des prétendions vis-à-vis de sa mère Danaé. Pour mener à bien son entreprise, il ne suffisait pas d'avoir du courage. Persée fut alors secouru par Hermès et

Athéna. Après avoir obtenu son chemin en interrogeant les Grées, il obtint des Nymphes des sandales ailées, une besace et le casque d'Hadès. Pierre Grimal précise :

« *Les Nymphes lui remirent tous ces objets, tandis qu'Hermès l'armait d'une serpe d'acier très dur et très tranchant* ». (p.361)

Lorsque l'on connaît la nature des Gorgones, on comprend la nécessité d'une telle arme. Elles étaient des monstres redoutables dont les cous étaient protégés par des écailles de dragon. Elles avaient des défenses de sanglier, leurs mains étaient de bronze et surtout elles avaient des ailes d'or. Enfin, leur regard était puissant et transformait en pierre tous ceux qu'elles regardaient. Heureusement que Persée était invisible !

« *Persée s'éleva dans les airs grâce à ses sandales et, tandis qu'Athéna tenait au-dessus de Méduse un bouclier de bronze poli, qui formait miroir, il décapita le monstre.* » (p.362)

Cette légende montre bien qu'Hermès était l'ami des hommes, peut-être aussi de la justice.

Homère n'ignore rien de cette capacité du dieu à agir sans être vu ou reconnu et s'en sert merveilleusement à la fin de l'*Iliade* lorsque Priam va chercher son fils dans la baraque d'Achille. Il faut se reporter au dernier chant du poème pour comprendre encore une fois que Zeus décide de tout et que c'est lui qui fait intervenir son fils pour conduire Priam.

« *Hermès, tu aimes entre tous servir de compagnon à un mortel ; tu écoutes celui qui te plaît. Va donc, mène Priam aux nefs creuses des Achéens, de façon que nul ne le voie ni ne l'aperçoive de tous les autres Danaens, avant qu'il parvienne au fils de Pélée.* » (p.490)

Il est clair qu'Hermès est choisi pour cette mission, qui n'a rien d'un message, parce qu'il sait se rendre invisible et même peut en faire profiter les mortels. D'ailleurs, c'est Iris, messagère de Zeus, qui est venue alerter Priam. Zeus veut qu'il aille racheter son fils à Achille. Il a prévenu Thétis après neuf jours de débat entre les dieux et il lui a demandé d'aller trouver son fils. Après quoi, il pousse Priam à entreprendre cette douloureuse et dangereuse mission. Avant de partir, Priam fait à la demande de sa femme des libations en l'honneur de Zeus et lui demande sa protection.

Homère nous présente alors Hermès :

« *Il dit ; le Messager, Tueur d'Argos, n'a garde de dire non. À ses pieds aussitôt il attache ses sandales divines, toutes d'or, qui le portent sur la mer et sur la terre infinie avec les souffles du vent. Il saisit la baguette au moyen de laquelle il charme à son gré les yeux des mortels ou réveille ceux qui dorment. Sa baguette en main, il prend son essor, le puissant Tueur d'Argos, et vite il arrive en Troade, à l'Hellespont. Il se met alors en marche, sous l'aspect d'un jeune prince...* » (p.490)

Il n'est pas utile de reprendre le dialogue qui s'instaure entre Priam et Hermès qui ne s'est pas encore fait reconnaître. Mais lorsqu'Hermès fait rentrer Priam dans la baraque d'Achille, il lui dit :

« *Vieillard, c'est un dieu immortel qui est venu à toi : je suis Hermès. Mon père lui-même m'a placé près de toi, pour te servir de guide. Mais je vais repartir ; je ne m'offrirai pas aux regards d'Achille ; on trouverait mauvais qu'un dieu immortel montrât à des mortels faveur si manifeste.* » (p.493)

Voilà une mission d'Hermès telle que pouvait l'imaginer Homère. Parce qu'il est capable de se rendre invisible ou de rendre invisibles des mortels quand il le veut, Hermès est le seul à qui Zeus peut demander ce genre d'exploit. Il est ici une sorte de prestidigitateur. Il fait disparaître l'objet ou la personne qui ne doit pas être vue. Ici, Homère ne parle pas du casque d'Hadès et nous pouvons en déduire que le caducée peut lui permettre aussi ce genre d'intervention. Le caducée est bien un bâton magique qui confère à Hermès ses dons de magicien. Or, c'est bien Apollon qui lui a donné le caducée en échange de la lyre. L'« Hymne à Hermès » le dit clairement :

« *Je te donnerai aussi la baguette merveilleuse qui procure l'opulence, une baguette d'or en forme de caducée. Elle te protégera de tous les périls et fera s'accomplir les décrets favorables que je connais de la bouche de Zeus.* » (p.114)

Hermès a bien usé de son caducée selon les vœux de Zeus et grâce à elle a rendu possible l'arrivée de Priam sans difficulté jusqu'à la barque d'Achille. Mais, je l'ai déjà souligné, le récit d'Homère ne pouvait être qu'une louange de plus à la volonté de Zeus et Hermès ne pouvait être que son servant le plus docile et le plus efficace. La majorité des légendes nous montre un dieu omniprésent omnipotent et n'accorde que peu de pouvoirs aux autres divinités. Pourtant, sans Hermès et son fils Pan, il n'aurait pas pu reprendre sa guerre contre Typhon et il n'aurait plus été le grand monarque dont parlent tous les aèdes !

L'invisibilité, jugée divine par les poètes, ne peut se lire uniquement dans les légendes, dans de simples récits qui font toujours la part belle aux idées, à la ruse de Zeus ou d'Athéna, moins souvent celle d'Hermès qui en possède sa part. Homère nous rappelle fort justement qu'il est aussi l'ami des hommes. C'est pour cette raison qu'il accompagne Priam, mais tout se fait de nuit une fois encore. Homère le dit bien :
« *L'ombre déjà est tombée sur la terre. À ce moment, le héraut tout près de lui voit et distingue Hermès.* » (p.490)
Hermès serait-il invisible parce qu'il intervient de nuit ?
Mais que représente la nuit lorsque nous interprétons les images et remplaçons la nuit par ce qui peut passer pour le contraire de la raison ?

S'il est vrai que la nuit ne permet pas d'observer le réel, la lumière d'Hélios n'offrant plus la possibilité de définir les objets et de les connaître, il n'est pas dit que la nuit soit telle qu'aucune connaissance ne soit acquise pendant cet intervalle qui se situe entre la mort et la renaissance de l'astre. La nuit, Nyx, est fille de Chaos, comme Gaia, et elle est à la fois indépendante des dieux qui naîtront à partir du premier couple : Gaia-Ouranos, et autonome dans ses rapports avec le monde matériel et humain. En plaçant Zeus au sommet de la pyramide des dieux, les aèdes sont à l'origine d'un oubli regrettable qui place finalement Hermès hors des actions les plus représentatives des dieux nouveaux. Hermès est un dieu qui aime la nuit, qui intervient la nuit, non pas comme un voleur systématiquement comme semblent l'affirmer de nombreuses légendes. N'oublions pas qu'à cette époque la nuit permet à l'homme de se reposer alors que le travail est réservé au jour. Le sommeil apporte le repos lorsque la nuit n'est pas utilisée pour faire des enfants.

Il est en rapport avec la nuit, la lune aussi, mais disons qu'il l'est surtout avec notre intériorité, ce que nous appellerions l'inconscient, tout ce qui n'est pas de l'ordre du rationnel, de l'ordonné, du voulu, du concret, tout ce qui ne relève pas de l'idée telle que Zeus s'efforce de l'imposer.

En ce sens, Hermès est invisible parce qu'il est un dieu nocturne, mais aussi parce qu'il est le dieu de ce qu'il y a de caché dans la manifestation. Or, il est aussi un dieu qui se déplace très vite, si vite qu'il est certainement difficile de le voir, grâce à ses sandales ailées que Zeus lui aurait données pour porter ses messages. En faisant du fils de Maia un auxiliaire de Zeus, les légendes lui ont enlevé ses principales qualités et n'ont conservé que celles que les mortels comprenaient mieux et même l'ont mis en concurrence avec Pan.

Pour aller plus loin dans cette relation avec la nuit, il faut revenir à l'étude de Walter Otto sur *Les dieux de la Grèce*. À propos de la nuit, il nous dit :

« *Celui qui, la nuit, veille seul en plein air ou va sur les routes tranquilles, celui-là vit le monde autrement que le jour. La proximité a disparu et, avec elle, le lointain. Tout est lointain et proche à la fois, tout près de nous et secrètement dérobé. L'espace a perdu sa mesure... Le sentiment lui-même est singulièrement incertain. Une étrangeté s'insinue dans la plus intime familiarité... Il n'y a plus de différence entre le vivant et l'inerte. Tout a une âme et en est dépourvu. Tout est endormi et éveillé à la fois.*

Partout, le danger guette. Les nuées sombres de la nuit ouvrent leurs gueules cruelles au promeneur. À chaque instant peut en jaillir sans avertissement un brigand, une terreur spectrale, ou l'esprit sans repos d'un mort.

La nuit est bien la mère de toutes les quiétudes. Elle couvre du sommeil les épuisés. Elle leur ôte leurs soucis. Elle joue avec les rêves autour de leur âme. Sa protection profite au malchanceux et au persécuté comme au rusé auquel les sens multiples de son obscurité portent secours pour mille découvertes et mille réussites.

Elle couvre également les amants de son voile. Elle garde dans son obscurité toutes les caresses, tous les ravissements cachés et dévoilés. La musique est la vraie langue de sa quiétude : voix enchanteresse, qui retentit pour les yeux clos, et en laquelle ciel et terre, proche et lointain, homme et nature, présent et passé paraissent si bien se comprendre.

Mais l'obscurité de la nuit, qui invite si doucement au sommeil, donne aussi à l'esprit une nouvelle vigilance et une nouvelle clarté. Elle le rend plus perspicace, plus avisé, plus aventureux. Un savoir fulgure, ou tombe comme une étoile : savoir rare, précieux - magique.[11] »

Ce que l'on oublie le plus souvent en parlant d'Hermès est bien cette dimension particulière qui fait de lui le dieu de notre propre nuit. Car, la nuit qui apparaît lorsque le soleil achève de traverser le Ciel n'est pas la nuit dans laquelle Hermès nous accompagne. Ce n'est pas non plus la nuit de la mort, la mort qui achève tout pour Homère. Hermès est le dieu qui nous guide dans l'obscurité sans que nous le percevions près de nous, sans qu'il se montre. Il est cette force qui nous anime, nous fait peur ou nous rassure, nous endort ou nous éveille. Si la nuit cache les amoureux, ils restent conscients des caresses qu'ils se donnent et la seule intervention possible du dieu consiste à les rendre féconds. Mais, la nuit, parce qu'elle endort nos yeux, réveille nos oreilles et la musique qui pénètre en nous furtivement, comme pour prendre possession de nous, semblable à un voleur adroit, éveille une autre approche du réel.

Nous comprenons mieux pourquoi Hermès est l'inventeur de la lyre et même de la flûte que l'on attribue aussi à Pan. Il est évident que l'aide apportée par Hermès à Priam ne peut nous aider, toute seule, à comprendre la dimension symbolique qui s'attache à la nuit. Les autres dieux sont plutôt des dieux diurnes, autrement dit des dieux avec lesquels les

---

[11] OTTO W. *Les dieux de la Grèce*. Traduit de l'allemand par Claude-Nicolas Grimbert et Armel Morgan. Préface de Marcel Detienne. Paris, Payot, 1993, p.142.

mortels ont des rapports ponctués par leurs activités quotidiennes. La nuit est réservée aux unions sexuelles, au sommeil et aux rêves. Pourtant, c'est dans l'obscurité totale que les premiers dieux ont été conçus. On sait comment Héra s'est jouée de son époux en utilisant la magie d'Aphrodite et en lui faisant faire l'amour en plein jour. Mais la nuit qui est le domaine d'Hermès, comme on le voit avec sa première intervention vis-à-vis d'Apollon, est aussi une nuit pastorale, une nuit où la divinité peut conduire les hommes vers d'autres pâturages. C'est parce que la nuit permet de revenir à l'origine de la vie, qu'elle permet l'éternel retour, qu'Hermès est un dieu différent. Il n'est pas comme Dionysos qui utilise la démence orgiaque pour éveiller les mortels et leur apprendre qu'ils ne sont pas uniquement ce qu'ils peuvent comprendre par simple comparaison. En les projetant dans l'irréel, par l'intermédiaire d'une folie mystique et vers une meilleure connaissance d'eux-mêmes, il est déjà un redoutable adversaire d'Athéna, d'Apollon et de Zeus. Mais Hermès l'est aussi et, s'il obéit souvent aux ordres de Zeus, il n'en garde pas moins la possibilité d'instruire les mortels à sa façon. Lui aussi utilise une sorte de transe hypnotique. En accompagnant les mortels dans l'obscurité, il les conduit vers une immortalité qui n'est pas le fruit d'un combat, mais d'un oubli de soi que la musique ne fait que provoquer.

Il est évident que ce retour sur soi, qui est une sortie du monde, un abandon momentané du monde, est lié à la mort, mais ce n'est plus de la mort de Patrocle ou de celle d'Hector dont il s'agit. Elle est un oubli de ce que l'homme croit connaître de lui-même, une découverte d'un autre soi qui s'enracine non plus dans une image de la vie, mais dans une réalité invisible aux sens.

Hermès n'est pas criophore uniquement devant les événements ordinaires de la vie ou de la mort. Il est le berger qui domine la nuit et qui la rend observable par d'autres moyens. Je dirai, en restant dans le contexte des légendes, que c'est en revenant à la matière, manifestée par notre forme, que la nuit perd son opacité, qu'elle livre ses secrets, qu'elle instruit celui qui dépasse la peur.

Comme le dit Walter Otto :

« *Ce qu'Hermès domine et ce sur quoi il règne est un monde au sens plein, c'est-à-dire un monde pris dans sa totalité, et non un fragment de la somme totale de l'existence.* » (p.144)

La raison n'a de prise que sur des éléments de ce monde, elle ne peut que reconstruire le tout qu'elle ne connaîtra jamais parce qu'elle ne peut agir que sur des détails qu'elle oppose ou rassemble avec une logique qui reste diurne, autrement dit liée aux sensations et aux interprétations qu'elles permettent. Le soleil voit tout, mais il est aveugle la nuit ce qui ne peut signifier que la nuit est synonyme de rien ! Hermès domine la nuit qui délivre une autre appréciation du monde, une conscience nouvelle d'un tout qui n'est pas sécable.

Pour sa part, Jean-Pierre Vernant synthétise l'action d'Hermès en disant :
« *Jamais là où il est, il apparaît soudainement pour disparaître.*[12] »

C'est bien ce qui se passe lorsqu'Hermès apparaît soudainement à Ulysse juste avant sa rencontre avec Circé. Homère, dans l'*Odyssée*, nous parle de cette rencontre.

Seul rescapé du groupe de marins qui étaient partis pour explorer les lieux, Euryloque fait à Ulysse le récit de l'aventure dont il vient d'être le témoin. Ses camarades qui ont suivi Circé sont rentrés chez elle et ne sont pas ressortis. Lui seul a pu regagner le bateau et demande à Ulysse de fuir, craignant le pire tandis que le roi d'Ithaque, s'arme et se prépare à faire ce que son devoir lui demande de faire.

Ulysse raconte son aventure aux Phéaciens et leur dit :
« *Je venais de passer le vallon sacré et j'allais arriver à la grande demeure de Circé la drogueuse, quand, près de la maison, j'ai devant moi Hermès à la baguette d'or. Il avait pris les traits d'un de ces jeunes gens dont la grâce fleurit en la première barbe.*

Il me saisit la main, me dit et me déclare :

---

[12] VERNANT J.P. *Mythe et pensée chez les Grecs.* Tome I. Paris, F. Maspero, 1982, p.127.

"Où vas-tu, malheureux, au long de ces coteaux ?... tout seul, et dans ces lieux que tu ne connais pas ?... chez Circé, où tes gens transformés en pourceaux sont maintenant captifs au fond des soues bien closes ?... Tu viens les délivrer ?... Tu n'en reviendras pas, crois-moi : tu resteras à partager leur sort... Mais je veux te tirer du péril, te sauver. Tiens ! c'est l'herbe de vie ! avec elle, tu peux entrer au manoir, car sa vertu t'évitera le mauvais jour. Et je vais t'expliquer les desseins de Circé et tous ses maléfices. Ayant fait son mélange, elle aura beau jeter sa drogue dans la coupe : le charme en tombera devant l'herbe de vie que je vais te donner. Mais suis bien mes conseils : aussitôt que, du bout de sa baguette, Circé t'aura frappé, toi, du long de ta cuisse, tire ton glaive à pointe et, lui sautant dessus, fait mine de l'occire !... Tremblante, elle voudra te mener à son lit ; ce n'est pas le moment de refuser sa couche ! songe qu'elle est déesse, que seule elle a pouvoir de délivrer tes gens et de te reconduire ! Mais fais-la prêter le grand serment des dieux qu'elle n'a contre toi aucun dessein pour ton mal et ta perte. "

Ayant ainsi parlé, le dieu aux rayons clairs tirait du sol une herbe, qu'il m'apprit à reconnaître avant de la donner...

Puis Hermès, regagnant les sommets de l'Olympe, disparut dans les bois... » (p.219)

Homère ne nous dit pas pourquoi Hermès intervient en faveur d'Ulysse. Nous pouvons penser, puisque Zeus veut qu'il rentre au logis, qu'Hermès effectue une mission confiée par son père. Mais cela ne va pas sans poser d'autres questions. Pourquoi Ulysse, défendu par Zeus et Athéna, est-il protégé par Hermès de la magie de Circé ? Il lui dit bien de ne pas refuser sa couche puisqu'elle est une déesse ! Or il est intervenu à la demande des dieux de l'Olympe pour libérer Ulysse de l'amour de Calypso. Je ne pense pas qu'Hermès intervienne pour pousser Ulysse à conquérir l'immortalité. Il sait qu'il l'a refusée à Calypso, il ne peut que la refuser à Circé. Prendre du plaisir avec de belles nymphes n'est pas à dédaigner et Hermès n'est pas du genre à refuser le plaisir. Son action est commandée par Zeus depuis le début et il ne saurait la contrarier. Seul Poséidon pourra s'acharner sur Ulysse, mais sans interdire son retour !

Homère nous dit en donnant la parole à Zeus :

« *Hermès, puisque c'est toi qui portes nos messages, pars ! va-t-en révéler à la Nymphe bouclée le décret sans appel sur le retour d'Ulysse et comment ce grand cœur chez lui devra rentrer ! Sans le concours des dieux ni des hommes mortels, mais seul, sur un radeau de poutres assemblées, il doit, vingt jours encor, souffrir avant d'atteindre la fertile Schérie, terre des Phéaciens qui sont parents des dieux...* » (p.132)

Poursuivant son poème, Homère nous présente Hermès à sa façon :

« *Le Messager aux rayons clairs se hâta d'obéir : il noua sous ses pieds ses divines sandales, qui brodées d'or, le portent sur les ondes et la terre sans bornes, vite comme le vent, et plongeant de l'azur, à travers la Périe, il tomba sur la mer, puis courut sur les flots, pareil au goéland qui chasse les poissons dans les terribles creux de la mer inféconde et va mouillant dans les embruns son lourd plumage. Pareil à cet oiseau, Hermès était porté sur les vagues sans nombre...* » (p.132)

Hermès est bien le dieu qui apparaît, puis disparaît, même chez Calypso dont il a cependant partagé la table avant de lui donner le motif de sa visite.

« *Quand il eut parlé, alerte il disparut, le dieu aux rayons clairs.* » (p.136)

Dans la poésie d'Homère, Hermès n'est qu'un messager respectueux des décisions du grand monarque. Il porte les décrets sans appel, des décrets qui ne font que respecter le destin. Il est un dieu qui se rend aussi bien au-devant des déesses ou des Nymphes que des mortels et, ici, avec Ulysse, il utilise la magie qu'il maîtrise autant que Circé pour lui permettre de poursuivre son retour, un retour programmé par les dieux.

Cette magie, souvent soulignée, est-elle en rapport avec le caducée qu'Apollon a donné à Hermès ?

Pour essayer d'approcher le problème, je ferai référence à Jacques Brosse qui a publié un livre fort intéressant sur la *Mythologie des arbres*. Il associe baguette magique, balai des sorcières et caducée ce qui pourrait surprendre, mais, dans l'*Odyssée*, Homère ne parle-t-il pas de la baguette de Circé, autrement dit de sa baguette magique contre laquelle Ulysse pourra lutter avec l'herbe de vie ? Le bâton des augures ou le sceptre, le bâton de commandement que tient Télémaque sur l'agora d'Ithaque sont certainement dérivés de cette baguette, mais ne confondons pas tout. La baguette était utilisée par la prêtresse de Déméter qui en frappant la terre avec elle communiquait avec les forces souterraines, des forces maîtresses de la germination ; de la fertilité et de la renaissance. Circé communiquait avec ce monde infernal et c'est bien elle qui enverra Ulysse en Enfer pour interroger Tirésias.

S'appuyant sur les travaux de Pierre Lévêque, Jacques Brosse nous parle d'Hermès comme d'un dieu ancien. Il nous dit :

« *Dans la mythologie, le maître de la baguette magique est Hermès, à qui les Grecs donnaient pour père Zeus et pour mère une divinité mystérieuse nommée Maia. Hermès que l'on disait né au fond d'une caverne était, vraisemblablement un très ancien dieu pélasgique, donc préhellénique, d'origine thrace, particulièrement honoré par les bergers d'Arcadie, ce qui explique sa rivalité avec Apollon.* [13] »

Jacques Brosse nous rappelle comment Zeus a équipé son fils pour le représenter, mais aussi comment la baguette de berger fut décorée de rubans blancs qui devinrent des serpents. Il nous fait aussi comprendre qu'Hermès était honoré en tant que divinité oraculaire et chtonienne. À Argos, le mois des morts, entre le 24 octobre et le 23 novembre, l'Hermaios ou Hermanion, permettait de faire communiquer les trois mondes : celui des dieux, celui des hommes et celui des morts. Hermès était chargé par Zeus d'établir cette relation particulière. Mais le caducée permettait aussi à Hermès d'endormir les hommes ou de les réveiller, de les faire passer d'un monde à l'autre.

Il représentait Hermès séparant deux serpents symbolisant le chaos primordial sous la forme de deux énergies contraires qu'il équilibrait grâce à cette baguette. Cet équilibre qui se rapportait au monde rapportait également à l'homme. Or

---

[13] BROSSE J. *Mythologie des arbres*. Paris, Petite Bibliothèque Payot, 2001, p.292.

Hermès est souvent confondu avec un arbre et la baguette nous y renvoie.

« *Bâton ou balai, verge ou caducée, la baguette magique n'est jamais qu'une branche d'arbre et celle-ci tient son pouvoir du seul fait qu'elle est censée provenir de l'arbre sacré, Arbre de vie ou Arbre cosmique. Elle évoque des cultes très anciens dans le bassin égéen de l'arbre et de la terre.* » (p.301)

Zeus ne fut-il pas honoré à Dodone à partir du bruissement des feuilles d'un chêne oraculaire ?

Comment ne pas comprendre que ce dieu, qui n'était jamais là où on pouvait l'attendre, qui se promenait dans les trois mondes et pouvait y conduire les mortels grâce à sa magie, ait pu être qualifié d'invisible ou de maître de la disparition ? Si les aèdes en ont fait un voleur, ne serait-ce pas pour souligner ses absences ou ses apparitions soudaines ?

En fait, nous voyons Hermès voler du bétail à Apollon. Si Apollon et Héraclès furent séparés par Zeus avec sa foudre, l'opposition entre Hermès et Apollon est d'une nature bien particulière. Elle porte sur du bétail divin, autrement dit des âmes ou peut-être tout simplement des fidèles. Comme aujourd'hui, les hommes devaient avoir leurs préférences et ne recherchaient pas la protection de tous les dieux avec la même intensité. Hermès vole à Apollon des fidèles et Apollon les lui abandonne en échange de la lyre. Nous pouvons aller jusqu'à penser qu'Hermès se retrouve avec ses fidèles et que ces derniers bénéficient des accents de la flûte divine. Je retrouve ici la relation entre l'instrument qui pénètre à l'intérieur de l'individu, malgré lui, l'invite à l'extase par un amour qui n'a rien de charnel et l'homme qui cesse d'être dominé par la raison, par la sagesse d'Apollon. Hermès est bien cette force invisible qui conduit l'homme à découvrir cette invisibilité qui est en lui et qui ne se perçoit pas à l'aide d'un combat, comme c'est le cas pour Héraclès. Il n'est pas nécessaire qu'il soit devant l'homme, il l'attend à l'intérieur de lui-même et c'est ce que les philosophes vont remettre en question comme Platon par exemple avec son célèbre mythe de la caverne[14]. Platon

---

[14] PLATON La République.

étant issu d'une famille d'aristocrates, on peut comprendre qu'il ait épousé aisément les choix les plus actuels des aèdes. Ses efforts pour mettre les défaillances de la cité sous la surveillance des philosophes et de leur sagesse témoignent de sa volonté de poursuivre l'établissement d'un ordre fondé sur la raison. Hermès n'a plus vraiment sa place dans un monde qui sera celui des nouveaux sages.

Nous pourrions déjà lire cette différence ou cette opposition dans l'*Iliade* lorsqu'Homère nous parle de l'équipée nocturne de Diomède et d'Ulysse qui rencontrent Diolon. Nous sommes bien la nuit et nos héros voient suffisamment pour mettre à mort leur adversaire. C'est encore Athéna qui est invoquée cette nuit comme si elle accompagnait ses deux protégés, ce n'est pas Hermès. Reconnaissons que la mission se déroule, dans la poésie d'Homère, comme si cela se passait de jour, à l'aide des mêmes observations, des mêmes actions, des mêmes décisions. Il faut découvrir Hermès dans l'oubli des poètes peut-être plus que dans leurs présentations.

Les Tragiques ne feront pas mieux et chez Eschyle[15] il est surtout l'envoyé de Zeus.

À la fin de la tragédie *Prométhée enchaîné*, Hermès est bien le messager de Zeus et Prométhée le traite même de « valet ».

« *Voilà un langage bien fier et plein d'arrogance, tel qu'il convient à un valet des dieux...* » (p.123)

« *Je n'échangerais pas, moi, sache-le bien, mon malheur contre ton esclavage. Je me trouve mieux d'être asservi à ce rocher que d'être le fidèle messager de Zeus...* » (p.123)

Ne peut-on pas retenir aussi ces propos d'Hermès :

« *La bouche de Zeus ne sait pas mentir : toute parole qui en sort s'accomplit. Regarde donc autour de toi, réfléchis, et ne crois pas que l'entêtement vaille jamais mieux qu'une sage délibération.* » (p.125)

---

[15] ESCHYLE *Théâtre complet*. Traduction, notices et notes par Émile Chambry. Paris, Garnier-Flammarion, 1964, p.123-126.

Autant dire qu'Eschyle a repris pour Hermès l'attribution qui était déjà celle d'Homère !

Avant de trouver une explication de l'invisibilité d'Hermès chez des témoins pleins d'imagination, il est possible et suffisant d'associer cette qualité, qui est loin d'être une constante, à la nuit qui est son domaine de prédilection. Or la nuit c'est aussi le sommeil ou la mort et nous comprenons mieux que l'invisibilité d'Hermès puisse être associée à celle des ombres. De la même façon qu'il est capable de conduire un troupeau de nuit, il est capable de prendre en charge des âmes au moment de la mort et de les conduire jusqu'à ce qu'elles prennent la barque de Charon. Mais, peut-être faudrait-il insister davantage sur le sommeil souvent peuplé de rêves ? Hermès ne serait-il pas celui qui nous guide dans nos voyages nocturnes, oriente nos pas et nous aide à choisir nos décisions inconscientes ? Ne faisons-nous pas très souvent des marches à reculons pendant la nuit ?

AUX CARREFOURS DE LA VIE

Hermès est considéré comme le guide du voyageur et nous retrouvons alors des symboles qui nous permettent de dépasser la simple idée de déplacement. Dans une étude poussée, Jean-Pierre Vernant nous présente un couple qui peut nous surprendre : Hestia et Hermès.

S'appuyant sur l'« Hymne à Hestia » qui s'adresse aux deux divinités il s'efforce de comprendre ce qui justifie une louange commune. L'hymne nous dit en effet :

« *Tous deux, vous veillez sur les foyers des hommes de la terre et, de concert, vous encouragez leurs œuvres les plus nobles.* » (p.140)

Jean-Pierre Vernant ajoute :

« *À deux reprises, le poète insiste sur les sentiments d'amitié qu'Hermès et Hestia nourrissent l'un pour l'autre. Cette mutuelle philia explique que Phidias ait pu les placer, à côté des autres couples, sous le patronage d'Aphrodite et d'Éros. Cependant cette affection réciproque n'est pas fondée sur les liens du sang, ni du mariage, ni de la dépendance personnelle. Elle répond à une affinité de fonction, les deux puissances divines, présentes aux mêmes lieux, y déployant côte à côte des activités complémentaires. Ni parents, ni époux, ni amants, ni vassaux, - on pourrait dire d'Hermès et d'Hestia qu'ils sont « voisins ». Ils ont en effet l'un comme l'autre rapport à l'étendue terrestre, à l'habitat d'une humanité sédentaire.* » (p.126)

Poursuivant ses observations, Jean-Pierre Vernant note que si Hestia est comme « *un nombril qui enracine la maison dans la terre* » (p.126) et symbolise une sorte de fixité, d'immuabilité, il n'en va pas de même pour Hermès qui représente le mouvement, le passage, le changement d'état. Par rapport à la maison, il se tient sur le seuil. Il ajoute que les Grecs n'avaient certainement pas cette conception des deux divinités, mais cela permet de mieux en comprendre leur rôle respectif et il insiste pour dire qu'ils ne peuvent être posés isolément « *l'existence de l'un impliquant celle de l'autre à laquelle elle renvoie comme à sa nécessaire contrepartie* » (p.144).

Hestia et Hermès ne représenteraient-ils pas deux mondes : celui de dedans et celui du dehors ? À vrai dire, l'opposition n'est pas acceptable sous cette forme. Ils sont aussi bien, tous les deux, du dedans et du dehors. Ce qui les différencie c'est qu'Hestia défend le feu divin, celui qui est placé sous l'autorité de Zeus alors qu'Hermès défend un feu mortel, matériel, propre aux hommes et qui les anime tout au long d'une vie que les dieux nouveaux voudraient bien contrôler, mais qui relève d'abord de l'autorité des Grandes Mères.

En plaçant Hestia au centre de la maison, mortelle ou divine, si nous considérons les temples comme la maison des dieux, Zeus lui a demandé de veiller sur sa propre autorité. Sa sœur représente le centre religieux de la maison des dieux et cette maison est d'abord celle de Zeus depuis qu'il est devenu le monarque du Ciel. Hestia est vierge, mais si Zeus a accepté qu'elle le reste, n'est-ce pas, peut-être, parce qu'Apollon et Poséidon la convoitaient ? Ici, nous retrouvons les complications que provoque l'absence de chronologie, mais il est permis de penser, si Zeus est intervenu pour qu'elle ne soit pas aimée de l'un et de l'autre, que de telles liaisons auraient pu remettre en question son pouvoir.

En établissant Hestia gardienne du feu divin, au centre de l'édifice religieux, et humain, au centre des maisons habitées par les hommes, Zeus se comporte un peu comme un maître de cérémonie, mais aussi comme une sorte de gendarme qui doit protéger ses biens, qui garde son trésor, toutes ses richesses à l'abri d'un dehors qui pourrait être l'habitat des voleurs. Mais

Hermès, aux dires d'Apollon, est aussi celui qui sait s'introduire dans le dedans pour voler ! Si Hestia trône au centre de l'édifice, Hermès est la divinité qui garde l'entrée ou la franchit, qui n'est ni jamais tout à fait dedans, ni jamais tout à fait dehors.

M. Grant et J. Hazel nous font revenir sur une légende qui concerne Hermès, mais aussi Athéna et Aglauros. Elle pourrait nous apporter quelques explications.

«*Aglauros était la mère d'Alcippé, qu'elle eut du dieu Arès. Athéna lui confia, ainsi qu'à ses sœurs Hersé et Pandrosos, le petit Érichthonios ; Pandrosos suivit l'injonction d'Athéna de ne pas regarder dans la corbeille, mais Aglauros et Hersé désobéirent. Elles virent un serpent enroulé autour du bébé ; selon une autre version, elles se jetèrent du haut de l'Acropole. Ovide, par contre les fait survivre. Hermès vit Hersé dans la procession des Panathénées et tomba amoureux d'elle. Aglauros accepta un présent du dieu pour pousser Hersé à accepter ses avances ; mais Athéna, se souvenant de la désobéissance d'Aglauros, la rendit jalouse de sa sœur ; et elle barra à Hermès le chemin du lit de sa sœur. Pour la punir, le dieu la changea en pierre.* » (p.23)

Pour mieux comprendre la légende, il faut parler davantage d'Érichthonios. Il est le fils de la semence d'Héphaïstos et de la Terre. Athéna avait rendu visite à Héphaïstos dans sa forge et ce dernier avait éprouvé le besoin de l'aimer. Poursuivant la déesse, il n'avait pu que jouir sur sa cuisse et Athéna avait enlevé son sperme avec de la laine avant de la jeter par terre. C'est alors qu'était né Érichthonios. Ce qui peut surprendre c'est qu'Athéna ait tout de même voulu garder l'enfant et même l'élever. En effet, la légende dit qu'elle l'avait confié à Pandrosos, une fille de Cécrops, sœur d'Aglauros et d'Hersé. Ses deux sœurs poussées par la curiosité avaient pris peur en voyant le serpent enroulé autour de l'enfant. D'autres légendes disent que l'enfant lui-même avait le corps terminé par une queue de serpent ou que voyant la corbeille ouverte l'enfant s'était enfui, transformé en serpent et s'était réfugié derrière le bouclier de la déesse sur l'Acropole.

Le serpent est par excellence un symbole chtonien et nous ne sommes pas surpris de voir Ovide articuler sa légende en tenant compte des oppositions symboliques entre la Terre et le Ciel. Hermès est une divinité proche de la Terre, et si deux serpents s'enroulent autour du caducée c'est pour signifier qu'il assure l'harmonie entre deux forces provenant de la terre ainsi symbolisées. Pourquoi faire intervenir Hermès et les deux filles de Cécrops ? Pourquoi transformer en pierre Aglauros qui est jalouse d'Hersé à cause d'Athéna ? L'opposition entre les deux sœurs, ne serait-elle pas essentiellement une opposition entre les deux divinités ? Athéna symbolise le Ciel, Hermès la Terre. Les deux sœurs ne seraient-elles pas condamnées par Athéna parce qu'elles sont sur le point de céder à Hermès ? Mais alors pourquoi Hermès transforme-t-il Aglauros en pierre alors qu'elle refuse l'entrée de la maison où se trouve Hersé ? Que représente la pierre si ce n'est un avertissement d'Hermès quant au choix d'un cheminement le plus souvent à un carrefour ? L'entrée de la maison est ici un carrefour et c'est cette fonction qu'Ovide privilégie en parlant d'Hermès. Hermès ne peut pas rentrer dans la maison où Hersé pourrait bien représenter Hestia ! La légende dit qu'Hermès donna naissance à Céphale avec Hersé. Le carrefour est ici ce qu'il y a de plus simple : il est une porte qui permet d'entrer ou de sortir.

Nous pensons souvent à des carrefours plus compliqués, mais ce n'est pas nécessaire pour comprendre le service que rend Hermès. Il est celui qui nous invite à entrer ou sortir, à pénétrer en nous-mêmes ou à sortir de notre caverne pour nous baigner de lumière solaire. Je serais tenté de dire qu'il nous propose davantage une lumière lunaire pour découvrir ce que nous cachons dans notre maison secrète. Si Hestia est plutôt chargée de maintenir l'éclat du feu divin, le seul qui soit objet de convoitise – Prométhée en a volé des semences pour les donner aux hommes – Hermès est attentif à nos efforts pour revenir vers le feu proprement matériel que l'intelligence et la ruse de Zeus ne cessent de combattre.

Là encore, une légende pourrait nous instruire indirectement sur Hermès en admettant que Céphale soit son fils.

Céphale aimait Procris, une fille d'Érechthée, roi d'Athènes. La légende est intéressante, car elle pourrait bien illustrer les hésitations de tout mortel lorsqu'il cherche le bon chemin. Le premier, Céphale doute de sa fidélité et veut s'assurer de l'amour de sa femme. Il se transforme et cherche à la séduire en lui offrant de merveilleux cadeaux. Elle résiste longtemps, mais finit par céder. Alors Céphale se fait reconnaître et Procris s'enfuit dans la montagne où, rempli de remords Céphale la retrouve et où ils se réconcilient. Plus tard, c'est Procris qui doute et pense que son mari, qui part souvent chasser, va voir des Nymphes et elle l'espionne. Un serviteur lui dit qu'après chaque chasse, son mari invoquait une certaine Brise, lui demandant de venir rafraîchir son ardeur. Elle part pour le surprendre, mais Céphale croyant qu'un animal se cache dans un fourré jette son javelot qui ne manque jamais son but. Il blesse mortellement Procris. Avant de mourir, elle comprend son erreur, et découvre que la Brise n'était qu'un vent. Accusé de meurtre, Céphale fut condamné à l'exil et quitta l'Attique. Il alla chez Amphitryon et l'aida dans sa guerre contre les Taphiens. On dit qu'il eut alors quatre fils qui donneront leur nom aux quatre tribus de Céphallénie. On dit aussi qu'il serait à l'origine de la race de Laerte, dont le père Arcisios serait son fils. Les légendes sont nombreuses et différentes, mais s'achèvent toutes par l'exil de Céphale.

Une telle suite d'aventures ne symboliserait-elle pas ce que nous pourrions appeler un carrefour de vie ? Hermès n'est pas un dieu qui doute, il sait de toute éternité ce qui advient pour chacun de nous. En naissant, il sait ce qu'il doit faire et n'hésite pas. Sur le chemin de l'amour, il guide les mortels, mais dans la légende d'Aglauros, ou celle de Céphale, nous comprenons que les mortels sont conduits par la peur et par le doute. Homme ou femme, le problème reste le même, partir à la recherche d'une vérité qui n'existe pas parce qu'elle est dépendante de notre faculté de penser. Hermès ne pense pas, il agit et, en pétrifiant Aglauros, il montre qu'il est mal séant de lui interdire d'entrer dans la maison de sa bien-aimée. En entrant, il ne vient pas retrouver Hestia, il vient trouver celle qu'il aime, Hersé, à qui il donne un fils : Céphale.

Ordinairement, on s'appuie sur des faits concrets pour parler du rôle d'Hermès aux carrefours. Walter Otto nous en parle avec une certaine précision :

« *Il règne sur les chemins. En bordure des chemins se trouvaient les tas de pierres dont il a reçu son nom. Le passant y jetait une pierre. Quelle qu'ait pu être leur signification dans les temps les plus anciens, ils montraient le bon chemin aux voyageurs. L'Odyssée parle d'une telle " colline d'Hermès " qui domine la ville. Du tas de pierres s'élevait aussi la fameuse colonne quadrangulaire à tête d'homme, l'"Hermès", qui devait en tout cas avoir un soubassement. Les "Hermès" s'élevaient encore en bordure des chemins, à l'entrée des villes et des maisons, à la porte des marchés et à la frontière des pays. Toute une série de surnoms célèbre en Hermès le dieu des chemins et des entrées, celui qui conduit et montre le chemin. Il est naturellement protecteur des voyageurs, dont les marchands font aussi partie.* » (p.137)

Pour Tony Allan et Sara Maitland, les fonctions d'Hermès étaient si nombreuses et si variées que les anciens Grecs se demandaient si son seul nom ne recouvrait pas un ensemble de divinités. Mais ils retiennent aussi que son nom avait une origine plus populaire.

« *Le nom même d'Hermès avait une origine plutôt profane. Il prend racine dans le terme grec herma qui désigne la borne qui ponctuait les routes et les frontières. Dieu des Voyageurs et du Bornage, Hermès était vêtu de la courte tunique, des sandales et du chapeau à larges bords chéris des Grecs lorsqu'ils voyageaient eux-mêmes. Dans son cas, toutefois, chapeau et sandales étaient équipés d'ailes offertes par Zeus pour lui permettre de se déplacer plus vite.*[16] »

À vrai dire, Hermès ne montre pas le chemin qu'il faut prendre, il se situe au carrefour et c'est nous qui devons choisir. Lorsqu'Œdipe revenant de Delphes rencontre celui qui est son père, et ne le sait pas, qu'il le tue en se défendant contre la

---

[16] ALLAN T., MAITLAND S. *Mythes et croyances populaires. Héros et dieux de l'Olympe.* Londres, Duncan Baird Publishers, 1997, p.101.

brutalité de son cocher, son choix entraîne la suite de ses problèmes et nous pourrions dire qu'Hermès n'a rien fait pour l'aider. Pas plus que Zeus, il ne peut intervenir sur le destin. Mais lorsqu'Œdipe se dirige vers Thèbes sans pouvoir imaginer ce qui l'attend, il est guidé par une force qu'il ne peut maîtriser, une force que nous qualifierions aujourd'hui d'inconsciente ! Ne serait-elle pas une manifestation d'Hermès ? Que dire de tous les héros en quête d'immortalité et qui entreprennent de longs voyages périlleux comme les Argonautes par exemple ? Ils parcourent le monde et sont portés ici ou là, comme Ulysse, sans décider vraiment de leur chemin. Ce n'est pas tout à fait le cas de Thésée qui devenu grand veut revendiquer sa place à Athènes. Au lieu de suivre les conseils de sa mère et de prendre le chemin qui longe la mer, il préféra pendre la route qui le conduirait devant toutes sortes d'obstacles afin de gagner une gloire semblable à celle d'Héraclès.

Les héros qui partent à l'aventure sont à la recherche d'un chemin qu'ils ne trouveront peut-être pas et les légendes ne font jamais intervenir Hermès !

Mais ne faut-il pas, comme le fait Jacques Brosse, établir un parallèle entre Maia, la mère d'Hermès, et Maia, l'illusion telle qu'elle est envisagée en sanscrit ? La mère d'Hermès ne serait-elle pas le symbole des illusions, celles qui deviendront les ombres de Platon dans la grotte ? En fécondant Maia dans sa grotte, Zeus n'a-t-il pas voulu les combattre ? Hermès serait-il le fils dont il avait besoin pour guider les mortels loin des apparences ? Hermès est-il le dieu qui permet de choisir la bonne action, celle qui convient, mais à qui ? S'il est le messager de son père, n'est-il pas alors celui qui devrait conduire les mortels sur le seul chemin balisé par les idées de Zeus ?

C'est d'ailleurs l'impression que l'on peut avoir en relisant *Prométhée enchaîné* d'Eschyle. Hermès est bien là devant le cousin de Zeus pour lui réclamer le secret qui pourrait mettre à mal le pouvoir de son père. Hermès oppose la sagesse de l'idée et celle que possède Prométhée et qui lui vient de la Terre. Nous sommes toujours entre deux vérités : celle de Gaia et celle de Zeus, celle du dedans et celle du dehors, celle qu'Hermès manifeste et celle que tente d'imposer Athéna. En fait, Hermès est surtout un dieu qui conduit les âmes sur le chemin de l'Enfer et c'est probablement là qu'il aide le mieux les mortels. On comprend alors qu'Ajax, sur le point de se suicider puisse l'invoquer dans la tragédie de Sophocle :

« *Je m'adresse également à Hermès, qui conduit les âmes sous la terre ; qu'il m'endorme profondément, sans convulsions, à l'instant où le fer percera mon flanc.*[17] »

Parler de la présence d'Hermès aux carrefours, c'est parler de lui comme d'un dieu qui permettrait de choisir le bon chemin, or il est rare de trouver une telle attitude dans les légendes.

Walter Otto nous dit :

« *Là où un passage a lieu, là où un chemin est parcouru, le compagnon merveilleux est présent.* » (p.138)

Nous pouvons penser que les tas de pierres qui jalonnent des chemins, parfois effacés ou envahis de plantations diverses, étaient à l'origine des repères placés par des hommes soucieux de retrouver leur chemin et de ne pas se perdre. Nous connaissons tous les cailloux du Petit Poucet ! Aujourd'hui encore une vieille habitude des randonneurs consiste à entretenir ces jalons en pleine montagne, en ajoutant, ici ou là, comme jadis, des pierres qui servent à la conservation du signe attendu par le voyageur. Que ces tas de cailloux aient donné lieu à diverses constructions, aujourd'hui des chapelles, à de grosses pierres taillées et quadrangulaires, plus ou moins surmontées d'une figure rappelant le dieu, cela ne change rien au besoin totalement utilitaire de ne pas se perdre. De là à demander à Hermès son aide en lui élevant des pierres le représentant, il n'y a qu'un tout petit pas. Nous pouvons dire que ce sont les hommes qui, les premiers, ont élevé ces tas de pierres ! Dire ensuite qu'Hermès est le compagnon des voyageurs revient à dire qu'il est reconnu comme celui qui les accompagne et les aide à cheminer. Il est aussi possible de comprendre que les hommes devaient se méfier des mauvaises

---

[17] SOPHOCLE *Théâtre complet*. Traduction préface et notes par Robert Pignarre. Paris, Garnier-Flammarion, 1964, p.52.

rencontres, elles aussi attribuées à Hermès, le roi des voleurs ! Moins loin dans le temps, les hommes qui marchaient beaucoup étaient toujours munis d'un gros bâton pour se défendre contre les voleurs ! Comme le montrent les légendes qui parlent de Thésée, les brigands et les monstres humains ne manquaient pas lorsque l'on se rendait d'une ville à l'autre.

Walter Otto donne comme exemple la légende concernant Dionysos ! Mais ne faut-il pas prendre l'ensemble de la légende pour comprendre le rôle que joue Hermès à la demande de Zeus, une fois encore ? Au moment où Zeus sort Dionysos de sa cuisse, il le confie en effet à Hermès qui le confie au roi d'Orchomène : Athamas et à sa seconde femme Ino. Hermès leur conseille d'habiller l'enfant comme une fille pour dérouter la jalousie d'Héra. Mais Héra frappe le couple de folie et c'est Zeus lui-même qui récupère l'enfant, le transforme en chevreau et l'emporte loin de Grèce à Nysa où des nymphes du pays vont l'élever. Autant dire que le choix d'Hermès n'était pas le meilleur ou alors il faut suivre la légende d'Ino dans sa totalité. D'une part, elle est liée à celle de Phrixos et Hellé qui échappèrent à la mort grâce au fameux bélier dont Jason devait ramener la toison de Colchide, bélier qui aurait été donné à Néphélé, leur mère, par Hermès, d'autre part, elle est en rapport avec la folie envoyée par Héra qui conduit Ino à se jeter dans la mer avec son fils dans les bras. Prise en pitié par les divinités marines, elle devint la Déesse Blanche, Leucothée, chargée de guider les marins dans la tempête. C'est elle qui conseillera Ulysse juste avant qu'il n'arrive chez les Phéaciens.

Ne peut-on pas se demander si Hermès a bien choisi sa cachette pour Dionysos ? En fait, les légendes sont pensées à partir d'une logique propre aux aèdes et en rapport avec des idéaux qui sont inscrits dans une sorte de progression. Les légendes étant plus souvent centrées sur la royauté de Zeus ou ses déboires vis-à-vis de sa femme, toujours jalouse selon les poètes, Hermès est appelé à l'aider parce qu'il est considéré comme capable de cacher ses enfants illégitimes. Hermès n'est pas là pour indiquer un chemin au petit Dionysos, mais pour le soustraire à la jalousie d'Héra, ce qu'il ne réussira pas ! Mais cela n'était-il pas prévu et nécessaire ?

Cela n'est-il pas programmé par les poètes qui veulent conduire Dionysos au pays de Cybèle afin de lui donner sa vraie nature divine ?

Les informations que nous donne Jean Claude Belfiore sur Hermès ne se rapportent qu'à un aspect du personnage :
« *Il trace les routes et les sentiers ; il est le dieu des "tas de pierres", des hermès, c'est-à-dire des pierres quadrangulaires qui délimitent les champs et jalonnent les chemins* [18]».

Certes, dans un monde qui se fixe et qui se partage, plus ou moins, la terre à cultiver, dans un monde qui devient de plus en plus politique au sens de son organisation, Hermès peut apparaître comme structurant l'espace de vie. Disons que les poètes ont utilisé ce rapprochement pour justifier la nature d'Hermès qui ne crée ni les routes ni les sentiers et lorsqu'un homme veut questionner la Pythie, il ne demande pas à Hermès de lui indiquer le chemin. Par contre, nous pouvons penser qu'Hermès lui a conseillé de se rendre à Delphes. La Pythie doit l'aider à pénétrer plus profondément en lui-même et si le chemin vers l'oracle de Delphes est balisé, c'est bien par des hommes qui voient dans le commerce oraculaire une raison ordinaire de le faire.

Le *Dictionnaire des Symboles* nous dit à propos du carrefour :
« *Dans toutes les traditions, on a dressé aux carrefours des obélisques, des autels, des pierres, des chapelles, des inscriptions : c'est le lieu qui provoque à l'arrêt et à la réflexion. Il est aussi lieu de passage d'un monde dans un autre, d'une vie dans une autre, de la vie à la mort.* » (p.172)
« *Chaque être est en lui-même un carrefour, où se croisent et se combattent les divers aspects de sa personne.* » (p.174)
Enfin cette précision :

---

[18] BELFIORE J.CL. *Croyances et Symboles de l'Antiquité*. Paris, Larousse, 2010, p.553.

« *Si c'est aux carrefours que se tiennent la triple Hécate et Hermès psychopompe, c'est parce que nous devons y choisir, pour nous et en nous, entre le ciel, la terre et les enfers. Dans la véritable aventure humaine, l'aventure intérieure, au carrefour, on ne retrouve jamais que soi : on a espéré une réponse définitive, il n'y a que de nouvelles routes, de nouvelles épreuves, de nouvelles marches qui s'ouvrent. Le carrefour n'est pas une fin, c'est une halte, une invitation à aller au-delà. On ne s'y arrête que si l'on veut agir sur les autres, en bien ou en mal, ou si, pour soi-même, on se découvre incapable de choisir : c'est alors le lieu de la méditation, de l'attente, non de l'action. Mais il est aussi le lieu de l'espérance... Seulement les choix sont irréversibles.* » (p.175)

Ces précisions nous permettent de prendre du recul vis-à-vis des légendes et elles nous interpellent au sein même de nos interprétations. À rester plongés dans les récits légendaires, nous avons tendance à rechercher leurs enchaînements, leurs bases idéologiques et à prendre les hommes et les dieux comme des réalités incontournables. Or, tout est faux, ou du moins tout est imaginé et n'a de support véritable qu'avec l'esprit de l'aède qui conçoit son histoire pour rendre compte de ce qu'il croit comprendre de la vie

La mythologie nous présente de multiples cheminements de héros sans toujours faire intervenir Hermès. Or, je l'ai dit, Hermès est surtout le serviteur de Zeus, son messager, et il apporte souvent aux hommes ou aux dieux des ordres qui doivent être respectés. Il n'est pas montré comme un opposant ce qui est le cas d'Héra, mais Héra ne l'est que pour la forme et son rôle est bien de mener à bien les décisions de son royal mari.

Alors, le plus important n'est-il pas de rappeler qu'il est un dieu invisible, le spécialiste de l'invisibilité ? Or qui dit invisible dit aussi pénétration à l'intérieur de soi, abandon du dehors au profit du dedans. L'homme qui s'intériorise s'immobilise, paraît pétrifié comme Aglauros, non pas sur le seuil d'une chambre où se trouve une amante, mais sur le seuil de son intériorité. Chaque fois que l'homme s'interroge, cherche son chemin intérieur, veut faire un choix de vie, il se fige et ne pense pas à Hermès. Pourtant Hermès est là comme un bon berger dont la préoccupation essentielle et de faire fructifier le bien que possède déjà l'individu sans le savoir. Le bon berger est celui qui guide l'animal vers l'alimentation qui lui sera profitable.

Dans le cadre d'un choix idéologique ou religieux, je crois qu'Hermès est rarement invoqué, en dehors de son rapport avec le royaume des morts. Lorsque Jason implore Apollon pour éviter que l'Argo, à la fin de son voyage retour, ne fasse naufrage, il est clair que ce voyage, surveillé de près par Athéna et même Héra, est un voyage qui valorise l'esprit et non la matière. Hermès n'intervient pas et nous pouvons penser qu'il laisse Jason choisir son interlocuteur divin. Hermès n'est pas une voie différente de celle de Zeus, il est le guide qui, à chaque instant, invite les mortels à s'interroger pour faire des choix nouveaux, ou confirmer les anciens. Il ne choisit pas à leur place. Disons qu'il est près de Jason lorsqu'il appelle Apollon, la responsabilité de son choix incombant entièrement à Jason, non à Hermès.

Tout au long du voyage retour d'Ulysse vers Ithaque, Hermès est près du héros et le pousse à faire des choix. Si tout au long de la guerre contre Troie, les interrogations manifestent son œuvre, seuls les choix font intervenir les autres divinités. Lorsqu'Hippolyte, le fils de Thésée, refuse les avances de Phèdre, Hermès est près de lui, mais il ne choisit pas pour lui, ce n'est pas lui qui le conduit vers la mort. Elle est juste voulue par Aphrodite jalouse d'Artémis. Que dire de Thésée lorsqu'il s'embarque pour la Crète avec le désir de mettre fin au tribut que doivent payer les Athéniens en nourrissant le Minotaure ?

Il serait possible de multiplier les exemples. Or, il est rare que nous fassions attention à tous ces instants où les héros s'interrogent, s'arrêtent pour prendre des décisions qui vont peut-être causer leur mort. Hermès est cette force qui les pousse à se questionner et à choisir un chemin ou, si l'on préfère, une action, peut-être seulement un mot, une attitude. Hermès est une sorte de provocateur, il laisse l'homme responsable, sauf lorsqu'il est le messager de Zeus, auquel cas c'est Zeus qui le devient.

Comment ne pas mettre côte à côte un Hermès de pierre et un mortel en pleine méditation ?

La comparaison peut surprendre, mais l'image qu'ils nous offrent ne représente-t-elle pas le même symbole dans les deux cas ? L'homme qui médite et devient immobile ressemble à une pierre et l'homme qui médite ne pense plus, ce qui est ordinairement attribué à la pierre elle-même, qu'elle soit ou non taillée. Lorsqu'Hermès pétrifie Aglauros, c'est pour pouvoir pénétrer dans la chambre et vivre son amour avec Hersé. Cet objet d'amour qu'Aglauros ne peut pas interdire à Hermès ne pourrait-il pas être celui de cette partie de soi originelle que le méditant espère trouver un jour ? Certes, il ne cherche rien, sinon il penserait, mais il a choisi le chemin qui le dirige vers ce feu intérieur et sa métamorphose représente à la fois la borne et le chemin.

L'hermès qui guide le voyageur, ou le tas de pierres, ne pense pas non plus, ne parle pas, ne montre rien, ne conseille rien, il est juste là pour rappeler que le moment est venu de choisir une direction qui peut changer la qualité de la vie. Lorsqu'Œdipe choisit d'aller vers Thèbes, c'est pour éviter de revenir chez lui et de tuer son père. L'oracle l'a averti, mais il n'a pas tout dit et l'a laissé totalement libre de son choix. Imaginer la présence d'Hermès au carrefour que traverse Œdipe c'est imaginer le choix lui-même, l'interrogation existentielle que se pose le jeune voyageur. Il ne sait pas qu'il va rencontrer la Sphinge aux portes de la ville, ne peut prévoir la reconnaissance des habitants de Thèbes lorsqu'il les délivrera de sa présence, ni bien entendu la proposition de Créon qui lui demandera d'épouser Jocaste.

Il est donc préférable de penser que les hommes ont pris l'habitude d'imaginer qu'Hermès les accompagnait, qu'il était un ami serviable, qu'il les aidait à prendre la bonne direction comme les oracles, d'ailleurs, qui ne donnaient jamais de réponse précise.

Faut-il redire que ce sont les aèdes qui ont forgé cette image d'Hermès ? Comme pour les autres situations qui font intervenir des divinités, ils ont cru bon de nommer Hermès « ami des hommes » et de le placer aux différents carrefours que l'homme devait traverser. Disons qu'au temps du nomadisme, ces carrefours étaient traversés par les bergers et leurs troupeaux. On voit aisément le double pouvoir du dieu qui est à la fois protecteur des animaux et berger lui-même.

Or, la divinité que nous présente l'« Hymne à Hermès » en montrant qu'elle choisit chaque détail de son vol et cela pendant la nuit nous permet d'envisager le carrefour autrement. Faut-il en déduire que l'homme choisit mieux son cheminement de nuit que de jour ? Si nous parlons d'un chemin de vie, cela semble permis. C'est la nuit, dans son sommeil, que l'homme prend les décisions les plus importantes vis-à-vis de lui-même et du sens qu'il veut donner à sa vie. Le jour il est harcelé par le travail.

La nuit est certainement le carrefour le plus important qu'il faut franchir et l'homme s'y aventure tous les soirs, comme le Soleil !

Les aèdes, qui étaient certainement les mortels les plus inquiets quant au sens de leur vie, savaient que ce n'est pas le jour que l'on choisit de monter au Ciel ! Hermès est un dieu de la nuit au sens propre et figuré et le carrefour symbolique que la mythologie nous invite à traverser est bien celui qui sépare le jour de la nuit. C'est lorsque le Soleil ne nous invite plus à progresser comme Zeus le souhaite que l'homme peut échapper à l'attraction de la lumière et faire de l'obscurité un monde qui lui appartient en propre et l'aide à revenir à son état premier, lorsqu'il était semblable aux dieux.

HERMÈS PSYCHOPOMPE

Cette fonction est peut-être celle qui caractérise le mieux Hermès.

S'il est un berger, il l'est pour toutes les périodes de la vie et c'est ce qui en fait un dieu différent. Hermès accompagne les mortels toute leur vie, mais aussi bien le jour que la nuit. La nuit peut être le contraire du jour, mais elle est aussi ce dedans dont j'ai déjà parlé, un dedans qui bloque momentanément toute pensée et toute action. Hermès est un dieu qui se révèle à nous par le biais de l'interrogation et, s'il existe une question qui revient sans cesse, c'est bien celle de la mort. Comment les combattants, qu'ils soient Troyens ou Achéens ne s'interrogeraient-ils pas sur le seuil de la mort ?

N'oublions pas son attitude lorsque Glauros veut lui interdire l'entrée de la maison dans laquelle se trouve Hersé ! Le seuil est certainement plus important que la motivation d'Hermès, selon la légende. La mort est un seuil et Hermès ne saurait être interdit d'entrée ou de sortie, mais aussi de passage entre la vie et la mort ou inversement.

Le seul fait d'utiliser le mot seuil montre que nous sommes à la croisée d'au moins deux chemins, la mort n'étant qu'un autre chemin, distinct de celui de la vie. Les hommes n'ont pas attendu les poésies d'Homère ou d'Hésiode pour s'interroger sur sa nature. La mort, plus qu'un chemin serait un seuil, un carrefour, un passage où l'homme prend une direction inattendue, inconnue et c'est ce qui provoque ses inquiétudes ou ses angoisses. C'est le moment où la raison n'est plus en mesure de guider l'homme et c'est peut-être pourquoi Hermès est invité à l'aider ? Seuls les héros semblent capables de faire des choix !

Retenons ici que la mort n'est pas un monde à part, pas plus que la vie d'ailleurs, qu'elle est un carrefour, un lieu de passage ou un moment si nous préférons faire référence au temps. En valorisant davantage l'immortalité, nous avons accentué la dimension temporelle, mais ce qui inquiète les mortels, c'est bien le lieu où l'on va après la mort. L'homme qui a l'habitude de choisir son chemin ne peut plus le faire et c'est ainsi que naissent ses angoisses. L'homme se trouve à la croisée de deux chemins. Le premier est celui de la vie, inondée de lumière par le soleil et qu'il s'efforce de mieux connaître, mais sur lequel il peut rencontrer des imprévus. Le second est celui de la mort, qui ressemble à une nuit sans lune et sans étoiles dont il ne connaît strictement rien. Une fois de plus, Hermès se trouve là et s'il accompagne les vivants dans leurs épreuves, comme on le voit avec Ulysse par exemple, il accompagne les morts ou du moins leurs ombres, parfois même des vivants qui veulent visiter les morts ou implorer Hadès comme Orphée.

Il est probable, peut-être même certain, que l'attitude des hommes devant la mort a changé avec la prise en compte de la réincarnation telle qu'elle est symbolisée par les légendes de Déméter et de Perséphone. Il est possible de voir une différence essentielle entre le moment où les hommes revenaient à la Terre, disparaissaient en redevenant de la matière, et le moment où leurs âmes pouvaient, après une période plus ou moins longue, s'intégrer à un nouveau corps, une nouvelle manifestation de la matière. Il est possible d'imaginer que c'est à ce moment-là qu'ils auraient pris conscience d'un jugement après la mort avec un possible enfermement dans le Tartare pour y subir toutes sortes de châtiments. Les légendes ne nous aident pas vraiment à nous situer par rapport à ce changement. Elles ne nous permettent pas de distinguer clairement ces deux conceptions de la mort, mais les rituels retrouvés par les archéologues peuvent nous inviter à penser qu'Hermès est un dieu très ancien et il semble bien avoir couvert ces deux moments clefs. Ce qui a surtout changé c'est l'idée que les hommes se faisaient de la mort et surtout celle de la contourner. En pensant qu'ils reviendraient à la vie, comme Perséphone, ils pouvaient estomper leur hantise de l'instant qui restait une décision du destin.

Hermès, ami des hommes, ne pouvait que les aider dans une telle aventure. Il ne pouvait qu'aider à franchir le seuil dans les deux sens et l'on sait que Cerbère en interdisait au moins un, celui du retour à la lumière.

Lorsque l'on reprend le mythe d'Orphée, cherchant à ramener à la vie son épouse Eurydice, il est dit qu'il était accompagné par Hermès, mais il est dit aussi que Perséphone et Hadès lui avaient demandé de ne pas se retourner tant qu'il ne serait pas revenu à la lumière du jour. Son épouse le suivait et Orphée ne put résister à la tentation de vérifier qu'elle était bien là. Alors, Eurydice disparut à jamais dans l'obscurité. Hermès ne pouvait pas intervenir sur l'angoisse d'Orphée, mais je dirai que le poète n'avait pas assez d'amour envers les dieux pour conduire son épouse hors de l'Enfer. En doutant de la parole des monarques de l'Enfer, il avait perdu lui-même cette femme. Il est aussi possible de dire qu'Orphée avait succombé à son orgueil, puni par les dieux. Eurydice avait été piquée par un serpent, donc, symboliquement, rappelée à redevenir de la terre. Orphée se croyait supérieur aux dieux avec ses chants, mais il était encore trop lié à ses idées, ses propres mystères. Les dieux lui avaient tendu un piège sachant qu'il ne pourrait pas s'interdire de regarder ce qui ne peut pas l'être sans leur permission. Orphée s'était comporté comme un simple mortel et avait lui-même fait mourir sa femme !

Comment ne pas associer ce regard en arrière d'Orphée et le regard en arrière, aussi, qu'Ino demande à Ulysse de ne pas faire avant de s'échouer sur le pays des Phéaciens ? Ce retournement consiste à regarder l'origine de la vie, voir un monde réservé aux dieux et les mortels ne le peuvent pas sans danger ni sans le mériter. Ce regard est une force que l'on a pu appeler l'éternel retour, qui est ici, pour moi, la manifestation d'Hermès. Si Hermès fait marcher à reculons les génisses d'Apollon, c'est pour qu'elles ne voient pas cet autre monde, qu'elles n'ont pas le droit de regarder sans y être invitées. Les bœufs de Géryon seront consacrés à Héra et c'est à ce moment-là qu'ils pourront voir la divinité.

Parce qu'Hermès est un dieu nocturne, qui ne craint pas d'agir au plus profond de l'obscurité, il laisse à penser qu'il peut accompagner les hommes au-delà du seuil que représente la mort. Les Grecs semblaient enclins à suivre les morts dans leur vie sous terre et à penser qu'Hermès rendait visite à Hadès assez souvent, soit en accompagnant des ombres, soit en rendant visite à Perséphone.

C'est par l'intermédiaire des légendes concernant Perséphone et sa mère Déméter, qu'ils pouvaient suivre Hermès dans ses propres déplacements. N'étant pas le responsable du destin, il ne pouvait l'être de la fin de vie et lorsque la mort intervenait pour couper le fils tissé par les Moires, il ne pouvait que se précipiter vers l'âme du mort et la guider vers sa nouvelle demeure qu'elle ne pouvait pas connaître, ne l'ayant jamais vue.

Pour éclairer cette présentation d'Hermès, nous pouvons faire référence à Homère lorsqu'il nous présente le dieu entraînant les âmes des prétendants qu'Ulysse vient de massacrer. Dans le Chant XXIII de l'Odyssée nous apprenons qu'Ulysse est allé voir son père dans son verger et qu'il se prépare à subir la réaction que peut entraîner son crime. Au chant suivant, Homère nous parle d'Hermès.

« *Répondant à l'appel de l'Hermès du Cyllène, les âmes des seigneurs prétendants accouraient : le dieu avait en main la belle verge d'or, dont il charme les yeux des mortels ou les tire à son gré du sommeil. De sa verge, il donna le signal du départ ; les âmes en poussant de petits cris, suivirent...*

Dans un antre divin, où les chauves-souris attachent au rocher la grappe de leurs corps, si l'une d'elles lâche, toutes prennent leur vol avec de petits cris ; c'est ainsi qu'au départ, leurs âmes bruissaient. Le dieu de la santé, Hermès, les conduisait par les routes humides ; Ils s'en allaient, suivant le cours de l'Océan ; passé le Rocher Blanc, les portes du Soleil et le pays des Rêves, ils eurent vite atteint la Prairie d'Asphodèle, où les ombres habitent, fantômes des défunts, et c'est là qu'ils trouvèrent, près de l'ombre du fils de Pélée, près d'Achille, les ombres de Patrocle, du parfait Antiloque et d'Ajax, le plus beau par la mine et la taille de tous les Danaens ; seul le fils de Pélée le surpassait encore. Ils entouraient Achille, quand l'ombre de l'Atride Agamemnon survint. Elle était tout en pleurs et menait le cortège de ceux qui, chez Égisthe, avaient trouvé la mort et subi le destin. » (p.449)

Homère ne dit pas grand-chose sur Hermès, mais il nous donne quelques détails qui permettent d'imaginer le lieu plus que le chemin.

Les âmes sont comparées à des chauves-souris poussant de petits cris qui transpercent la nuit.

Nous pouvons dire ici que lorsque la vie s'éteint elle laisse la place à la nuit et l'homme qui meurt est un homme qui continue à vivre dans la nuit. Homère nous le laisse entendre avec la description des ombres des héros qui continuent à garder leurs caractéristiques comme si les formes ne subissaient pas de transformation. Plus encore, les morts gardent des sentiments et continuent à ressentir les souffrances endurées de leur vivant si l'on retient qu'Agamemnon pleure et n'oublie rien de ce qui s'est passé chez Égisthe. Nous pourrions aussi rappeler ce que nous dit Homère lorsqu'il nous présente les morts que rencontre Ulysse lorsqu'il est descendu aux Enfers.

L'Enfer et le Tartare sont des lieux que les aèdes ont tenté de décrire parce qu'ils représentent, chez tous les hommes, de toutes les cultures, des lieux qui hantent l'imagination. Le mort ne peut que changer de monde, et si celui des vivants est éclairé par le soleil, celui des morts ne l'est plus. On peut comprendre que la nuit, sur terre, et le sommeil soient parfois synonymes de mort. Si l'homme sort de son sommeil, comme le Soleil peut sortir de la nuit, il n'en est pas de même des morts qui disparaissent sous la terre, pire encore de ceux qui reçoivent leur part de feu, comme Homère le fait dire à Patrocle. Toutes les images de la mort sont construites à partir de celles de la vie et les légendes concernant Déméter et sa fille Perséphone ne font que renforcer ce rapport entre les deux univers. Or Hermès est le dieu qui voyage naturellement dans les deux. Il est surtout la divinité qui peut se déplacer dans l'obscurité, aussi bien durant la nuit que connaissent les mortels sur terre que pendant la nuit permanente que découvrent les âmes en arrivant aux Enfers après la mort.

L'Enfer est un lieu humide en plus d'être obscur, mais il est aussi une prairie parsemée d'asphodèles. Pourquoi de telles fleurs sous la terre pour accueillir les morts ? Dans l'esprit des anciens Grecs, ces fleurs étaient liées à la mort, elles étaient consacrées à Hadès et Perséphone. Ils considéraient cette fleur comme étant hermaphrodite et la mettaient en rapport avec la démence, avec les individus qui perdaient la tête ou dont la tête ne pouvait plus commander au reste de l'organisme. Elle pouvait être liée également à une perte des sens ce qui caractérisait la mort. On lui accordait une odeur pestilentielle, surtout par association d'idées avec la mort, mais son parfum se rapprochait de celui du jasmin. Au sommet d'une hampe nue, l'asphodèle se termine par une grappe de grandes fleurs étoilées dont la couleur peut être blanche ou jaune. Il serait possible de s'attarder sur la symbolique des couleurs pour essayer de comprendre ce décor que représente la prairie infernale où se retrouvent les ombres. Il faudrait aussi associer les deux couleurs du narcisse, le blanc et le jaune, qui est la fleur qui aurait endormi Perséphone avant qu'Hadès ne l'enlève. Si le blanc s'oppose au noir, il est aussi un symbole d'extrémité, pouvant correspondre à une absence de couleur ou à la somme de toutes les couleurs. Il peut donc se placer au tout début de la vie, mais aussi à la fin et se rapporter à la mort. Si nous admettons que la mort précède la vie, qu'une naissance est en réalité une renaissance, le blanc est bien alors la couleur de la mort, du passage, de la réincarnation. Le jaune est plus souvent associé au Soleil, mais aussi à la vie tout en étant la couleur des dieux ou des rois. On pouvait l'associer à la survie des âmes, comme en Égypte. Nous pouvons penser aussi que le blanc qui symbolise le passage dans l'autre monde et le jaune qui symbolise l'éternité ne pouvaient qu'accompagner l'idée de renaissance telle qu'elle était développée dans les Mystères d'Éleusis.

Jean-Claude Belfiore nous rappelle les propos d'Hésiode en ce qui concerne l'asphodèle et note qu'elle était une alimentation du pauvre, de même que la mauve (p.87).

C'est dans *Les travaux et les jours* que nous trouvons cette allusion :

« *Pauvres niais, ignorer que moitié sur le tout l'emporte ! Et que profit se blottit dans la mauve et dans l'asphodèle.* Car les dieux ont enfoui la nourriture des hommes. » (p.98)

Or, Hésiode ne pouvait pas ignorer l'image infernale qui accompagnait cette fleur. Ici il la met en rapport avec la nourriture que les dieux ont mise dans la terre, nourriture qui sort de terre et vient à la lumière. Autrement dit, sous l'image de la fleur, celle de renaissance continue à être discrètement évoquée.

La scène de ce départ pour l'Enfer laisse à penser que les prétendants connaîtront un ensevelissement qui les placera sous terre lorsque les familles récupéreront les corps. Nous avons vu qu'Hermès aidait Priam à reprendre le corps de son fils, nous pouvons penser qu'il en ira de même de tous les monarques qui réclameront le corps d'un fils ou d'un prétendant. Hermès apparaît bien comme celui qui arrive, le moment venu, pour conduire les âmes vers leur nouvelle demeure. Il ne décide rien, il ne fait qu'être là lorsqu'il le faut. Mais ce sont les aèdes qui le font venir ici ou là. C'est plus tard surtout que les poètes ou les tragiques donneront à Hermès ce rôle de conducteur des âmes. Or, les légendes montrent qu'Hermès est aussi celui qui fait sortir de l'Enfer ne serait-ce qu'avec Héraclès, ou mieux encore avec Perséphone. Pour approcher cette autre fonction, il faut lire l' *Hymne à Déméter*.

« *Ayant prêté l'oreille aux rapports des Immortels, Zeus dont la voix gronde sous la voûte du ciel envoya dans l'Érèbe Argéiphontès à la baguette d'or, le chargeant d'exhorter, par de douces paroles, Hadès, le prince des ténèbres, pour qu'il ramenât l'auguste Perséphone du fond des brumes obscures vers la lumière et parmi les dieux : ainsi sa mère, la voyant de ses yeux, apaiserait son courroux. Hermès se garda bien de désobéir au commandement de Zeus ; il plongea aussitôt dans les sombres entrailles de la Terre...*

Mais Hadès le rusé, sans que personne ne le vît, lui fit manger un grain de grenade doux et sucré comme le miel pour s'assurer qu'elle ne resterait pas à jamais auprès de l'illustre Déméter voilée de noir. Puis, attelant à son char d'or ses chevaux immortels, Hadès, l'hôte de tous les mortels, y fit monter Perséphone la toute belle avec, à ses côtés, Argéiphontès le fort qui prit en main les rênes et le fouet.» (p.70)

Une fois de plus, Hermès semble obéir à Zeus et, comme pour Priam, il conduit le char, tient les rênes et le fouet.

Une autre présentation de ce rôle d'Hermès nous est donnée dans l'*Hymne à Hermès* attribué à Orphée et intitulé *À Hermès souterrain* :

« *Toi qui fréquentes les chemins du Cocyte*

Et escortes les âmes des défunts dans les abîmes de la terre,

Hermès, enfant de Dionysos maître des danses et des transes

Et de la Dame de Paphos, Aphrodite dont les yeux voient tout,

Tu veilles sur les domaines sacrés de Perséphone

En accompagnant sous la terre les âmes éprouvées

Quand vient pour elles le jour prévu par le destin.

Et de ta baguette dormitive, tu endors tout ce qui a vie

Pour ensuite éveiller les dormeurs puisque Perséphone t'a donné

Le pouvoir et le privilège de mener au cœur des ténèbres

Les âmes immortelles des humains. Aussi, dieu bienheureux,

Assure une heureuse issue aux épreuves endurées par les mystes.» (p.157)

L'auteur nous entraîne dans l'Enfer et commence par nous rappeler que le Cocyte s'est frayé un chemin jusqu'en Enfer. Homère connaît bien ce fleuve et nous en parle dans l'*Odyssée* lorsque Circé envoie Ulysse interroger Tirésias en Enfer.

«*À travers le marais, avance jusqu'aux lieux où l'Achéron reçoit le Pyriphlégéthon et les eaux qui, du Styx, tombent dans le Cocyte. Les deux fleuves hurleurs confluent devant la Pierre : c'est là qu'il faut aller...* » (p.227)

Comme chacun sait, le marais de l'Achéron doit être traversé par les âmes et c'est Charon qui leur permet le passage, les morts devant eux-mêmes ramer pour se diriger vers l'Enfer où Cerbère contrôlera leur séjour. Toutes les présentations du séjour des morts ne sont pas identiques et certaines sont plus lugubres que d'autres. Il est évident qu'un champ couvert d'asphodèles est moins inquiétant que le marais de l'Achéron. Toujours est-il qu'Orphée parle des morts comme s'ils étaient des mystes, autrement dit des initiés qui connaissent les Mystères et surtout celui de la renaissance propre à Déméter et à Perséphone.

Hermès peut être qualifié de « veilleur de nuit » puisqu'il veille sur le domaine de Perséphone ! Il pourrait être aussi qualifié d'« endormeur de vie », puisqu'à l'aide de sa baguette il endort les hommes lorsque le destin le veut. L'hymne nous parlerait-il des mystères orphiques et des épreuves initiatiques vécues par les mystes qui les suivaient ?

Comment ne pas être surpris de voir qu'Hermès serait ici l'enfant de Dionysos et d'Aphrodite ? Mais une telle origine ne signifierait-elle pas davantage qu'Hermès provoque la transe hypnotique qui permet le passage de la vie à la mort et dispense son amour aux âmes des défunts ? Hermès est bienveillant à l'égard des mortels durant leur vie et plus encore au moment de leur mort. Alors que Dionysos provoque la sortie du monde qui appartient au jour ou tout simplement à la vie ordinaire, alors qu'il utilise la danse pour aider les mortels à oublier leurs angoisses et leurs préoccupations existentielles, Hermès se contente d'attendre les mortels à chaque carrefour de cette vie pour les encourager à choisir le chemin qui peut les aider à la transcender, ou bien à la quitter lorsque le moment est venu. Il n'intervient pas, il est là, il se contente d'être là, peut-être en jouant de la flûte !

Hermès n'est pas un « voleur de vie », il n'est pas un « justicier » comme Apollon, il utilise ses dons pour rendre service, pour satisfaire les dieux ou les hommes. Redisons-le : il est aimable, serviable, habile négociateur, mais aussi farceur, cachottier, voleur s'il le faut.

Si on l'appelle le tueur d'Argos ce n'est pas pour des raisons guerrières. Il faut revenir sur la légende pour voir comment et pourquoi il fut obligé de le tuer.

Le premier Argos était fils de Zeus et de Niobé. Devenu grand, il avait obtenu le gouvernement d'une ville qu'il avait appelé Argos, la région qui l'entourait, le Péloponnèse devint l'Argolide. C'est lui qui aurait introduit en Grèce l'art de labourer. L'Argos qui fut tué par Hermès était un descendant du premier Argos. Il était doué d'une force prodigieuse et ressemblait davantage à un monstre qu'à un roi. Certaines légendes disent qu'il n'avait qu'un seul œil, d'autres disent quatre, deux par devant et deux par derrière, d'autres enfin qu'il en avait une multitude répartie sur tout le corps. Par ses combats héroïques, Argos avait attiré l'attention d'Héra. Il avait successivement tué un taureau qui ravageait l'Arcadie, un Satyre qui ne causait que des ennuis aux Arcadiens, enfin Échidna qu'il avait surprise dans son sommeil.

De son côté, Zeus n'en était pas à sa première conquête. Il s'était épris d'une prêtresse d'Héra, Io, qui passait pour être une princesse de la race d'Argos. Un rêve avait demandé à Io de se rendre sur les bords du lac de Lerne afin de se livrer aux embrassements de Zeus. Son père informé avait interrogé l'oracle de Dodone puis celui de Delphes et les oracles avaient, bien entendu, conseillé à Io de se donner à Zeus. Je dis bien entendu parce que ces deux oracles lui étaient favorables. L'embrassement eut lieu, mais Héra soupçonna l'aventure. Alors Zeus, pour protéger Io de sa colère la transforma en génisse et jura à sa femme qu'il n'avait jamais fait l'amour avec cette génisse. Héra lui demanda alors de la lui offrir et c'est ainsi que Io fut consacrée à Héra, pour la seconde fois en vérité. Héra la confia à Argos pour qu'il la garde.

On dit que Zeus allait la retrouver en se métamorphosant en taureau, mais bientôt il eut pitié d'elle et demanda à Hermès de la délivrer.

Pierre Grimal nous dit alors :

« *Hermès, d'un coup de sa baguette magique, endormit cinquante des yeux d'Argos, pendant que les cinquante autres dormaient de leur sommeil naturel. Puis, avec sa harpe il le tua. Mais la mort d'Argos ne délivra pas Io, à qui Héra envoya un taon pour la tourmenter.* » (p.231)

Finalement, après un très long périple, elle accoucha en Égypte du petit Épaphos.

Disons que dans cette aventure Hermès ne fait qu'endormir la moitié des yeux d'Argos pour lui enlever toute vigilance. Mais il se retrouve successivement au service de Zeus et d'Héra. Io est un prétexte comme nous le comprenons en associant les deux qualités d'Io à la fois prêtresse et génisse, autrement dit servante une seconde fois d'Héra. Le périple entrepris par Io, qui ressemble à celui vécu par le troupeau de Géryon ramené par Héraclès, peut être envisagé comme la propagation du culte d'Héra. Il commence par le golfe Ionien, passe par les détroits qui séparent l'Europe et l'Asie, le Bosphore ou passage de la Vache, se retrouve en Asie et en Égypte. Il faudrait relier cette légende à celle des Danaïdes, les cinquante filles de Danaos fuyant l'Égypte et se réfugiant à Argos. Mais cela n'est plus vraiment significatif en ce qui concerne la personnalité d'Hermès.

Le mérite d'Hermès est ici d'avoir endormi les yeux d'Argos et de lui avoir rendu sa mission impossible. Faut-il interpréter cette action sur le plan humain ? Hermès serait-il la divinité qui endort chez l'homme sa vigilance, qui endort son attention en rendant son regard inopérant ? Dans ce cas, serions-nous à l'opposé de l'esprit des aèdes qui ne jurent que par l'épanouissement de la raison, par celui d'un effort d'attention qui rend l'homme responsable de ses actes et de leurs conséquences ? L'ambivalence de l'image peut surprendre, mais les aèdes ne jouent-ils pas sur les mots, sur les images pour dévoiler ce qu'il vaut mieux ne pas savoir trop vite ? Hermès agit en respectant la demande de Zeus, mais en même temps il montre que pour devenir un initié, ce que devient Io, il faut cesser de veiller, de surveiller, de tout contrôler avec ses yeux, son intelligence, sa raison ? C'est peut-être là qu'il faudrait saisir l'opposition entre Héra, descendante des Grands-mères, et Zeus. Hermès jouerait-il la carte de Zeus, en apparence seulement, en donnant raison à Héra ? N'oublions pas que le culte d'Héra a précédé celui de Zeus, à Olympie, de plus de deux siècles !

Lorsque nous faisons d'Hermès le guide des âmes, il faut bien admettre que le voyage de l'âme ne peut pas se faire tant que le corps n'est pas endormi ou mort. Hermès endort le corps pour que l'âme puisse suivre son propre cheminement. Le corps est guidé par la raison dans un monde qui est rendu compréhensible par la lumière du soleil. L'homme voit, analyse, raisonne, comprend, décide, agit et c'est ce que demande Zeus, ou Apollon, autrement dit les dieux qui ont pris le pouvoir. L'âme est une partie de l'être qui retrouve ses capacités d'analyse propres la nuit, pendant le sommeil ou au moment de la mort. C'est à ce moment qu'Hermès semble intervenir. En réalité, l'homme découvre cet autre monde que les anciens appelaient l'Enfer parce qu'il n'était pas baigné de lumière. Lorsque la raison s'endort, l'âme se réveille, lorsque le corps abandonne toute forme de combat, l'esprit s'éveille et voit ce que le corps ne peut qu'imaginer dans l'angoisse parce que c'est son intelligence qui le trompe. Hermès ne trompe personne, il se contente d'éveiller en endormant.

J'aimerais revenir sur la symbolique du caducée. Deux serpents semblent s'opposer et s'enroulent en sens inverse autour d'un axe, la baguette ou le phallus, ou encore l'arbre qui s'enracine dans la terre pour monter jusqu'au ciel. Par rapport aux quatre éléments, la baguette symbolise la terre, les ailes qui surmontent les serpents symbolisent l'air et les deux serpents le feu et l'eau. Dans son ensemble, le caducée – symbole très ancien, fin du troisième millénaire – semble dire que les forces en jeu sont équilibrées, que l'harmonie est acquise et nous comprenons mieux qu'Hermès ne soit pas de la même nature qu'Arès ou même Athéna. Avec sa baguette magique, Hermès harmonise les contraires, le Ciel et la Terre, ce qu'il y a chtonien et de divin en l'homme, mais aussi le masculin et le féminin.

À ce stade de l'analyse, comment ne pas faire référence à l'aventure de Tirésias qui devint une femme puis redevint un homme après avoir, par deux fois, séparé des serpents enlacés et cherchant à se reproduire ? Il s'agit bien de serpents, de forces naturelles opposées et complémentaires que le devin avait voulu séparer. Il en avait changé de sexe ce qui montrait bien qu'il possédait lui-même les deux natures, mâle et femelle, et qu'il était déjà une association harmonieuse des deux. Si l'homme est déjà un alliage des deux forces chtoniennes, les ailes du caducée symbolisent une possible transcendance, un dépassement de l'état d'homme et donc une possible immortalité. L'homme serait déjà une étape supérieure au Chaos et les serpents seraient le rappel de ces deux qualités de la matière que Gaia s'est efforcée de manifester en faisant naître Ouranos.

Hermès pourrait être un guide vers le divin, plus que vers Zeus qui n'est qu'une manifestation particulière du divin. Or cette transcendance, qui reste un besoin hors du temps et n'appartient en propre à aucune culture, se retrouve dans toutes les légendes, dans tous les mythes. Pourquoi ne pas considérer qu'Hermès est la personnification de ce besoin ? Nous avons pris l'habitude de penser que la transcendance ne pouvait être dirigée que vers le Ciel. Or la transcendance n'est pas synonyme de rationalité ! Avec Hermès, nous comprenons mieux qu'elle peut être à double sens et qu'un sens n'interdit pas l'autre. Descendre, marcher à reculons, revenir sur ses pas, préférer la nuit au jour, le sommeil à la veille, tout cela ne représente pas le contraire de la transcendance.

Hermès qui était une divinité relative à la fécondité de la terre, qui avait une origine antérieure à l'agriculture et que l'on connaît mieux à partir de son statut de berger, ne s'oppose pas vraiment aux divinités qui font preuve d'intelligence. Il s'en distingue par une intelligence plus naturelle, plus matérielle, plus originelle et qui ne fait pas appel aux idées comme celle de Zeus ou d'Athéna. Il n'a pas besoin de recevoir comme Apollon un enseignement sur l'art divinatoire pour capter ce que la raison ne peut connaître. Grâce à sa mère Maia, il possède les qualités qui font de lui l'équivalent de Zeus, mais à la métis, ou l'intelligence rusée, il préfère l'harmonie des contraires.

Faut-il oublier que Maia est l'aînée des Pléiades, autrement dit des filles d'Atlas et de Pléioné qui sont les enfants de Japet et de Thémis pour Atlas, d'Océan et de Téthys pour Pléioné ? Thémis est à l'origine de l'oracle de Delphes, et personnifie la loi, Téthys, après avoir élevé Héra fut chargée par cette dernière de l'éducation d'Héphaïstos ! Nous sommes dans un contexte divin différent, à une époque où les Grandes Mères dominaient les esprits. Lorsque naît Hermès, Maia n'est pas encore devenue une étoile. La légende nous parle de la poursuite d'Orion qui pendant sept ans avait pourchassé les sept pléiades qui avaient été transformées en colombes pour lui échapper puis placées dans le Ciel, tout en ajoutant qu'Orion s'y trouvait aussi ! Parfois les légendes nous aident à comprendre le temps qui passe et surtout les changements d'esprit chez les aèdes.

En situant Hermès dans le cycle des dieux anciens, et en évitant de le considérer comme le fils de Zeus, comme on l'a fait pour de nombreuses divinités afin de les rattacher à une rationalisation de la pensée, nous comprenons mieux ses fonctions, ou surtout ses compétences.

HERMÈS ET APHRODITE

Nous pourrions nous demander si un dieu n'a pas subi la magie d'Aphrodite. Nous connaissons bien la liaison d'Aphrodite et d'Arès parce qu'elle est rapportée par Homère qui semble s'en délecter comme les divinités appelées par Héphaïstos pour voir le couple enlacé et prisonnier par l'ingéniosité du mari trompé. Ce jour là, répondant à Apollon, Hermès aurait reconnu qu'il aurait bien pris la place d'Arès ! Mais retenons ce que nous dit Homère dans l'*Odyssée* :

« *Alors, le fils de Zeus, le seigneur Apollon, prit Hermès à partie :*

Apollon. – Hermès, le fils de Zeus, le porteur de messages, le seigneur de richesses, je crois que, volontiers, tu te laisserais prendre sous de pesants réseaux, pour dormir en ce lit de l'Aphrodite d'or !

Hermès, le messager rayonnant, de répondre :

Hermès. – Ah ! plût au ciel seigneur à la longue portée !... Qu'on me charge, Apollon ! et trois fois plus encore, de chaînes infinies et venez tous me voir, vous tous, dieux et déesses ; mais que je dorme aux bras de l'Aphrodite d'or !

Il disait et le rire éclata chez les dieux... » (p.181)

Nous découvrons au passage l'esprit d'Hermès qui se moque à la fois d'Apollon et des autres dieux avec élégance. Loin de se cacher pour avouer son désir, il répond simplement qu'il subirait pires tourments pour avoir le bonheur de prendre Aphrodite dans ses bras, ou du moins se trouver à la place d'Arès.

Si les légendes nous parlent des dieux ou des déesses distinctement, il faut bien se dire que les dieux se connaissent entre eux, n'ignorent rien de leurs qualités ou de leurs défauts et que la magie d'Aphrodite n'est ignorée de personne. Homère nous en parle longuement dans l'*Iliade* lorsqu'Héra fait naître dans l'esprit de Zeus un besoin irrésistible de faire l'amour afin qu'il oublie la guerre et que les Achéens puissent l'emporter momentanément sur les Troyens.

« *Elle sort de sa chambre, elle appelle Aphrodite à l'écart des dieux et elle lui dit :*

"*Voudrais-tu m'en croire, enfant, et faire ce que je te dirai ? Ou t'y refuseras-tu, parce que tu m'en veux, dans le fond de ton cœur, de soutenir les Danaens, quand toi, tu soutiens les Troyens ?"*

Et la fille de Zeus, Aphrodite répond :

"*Héré, déesse auguste, fille du grand Cronos, dis-moi ce que tu as en tête. Mon cœur me pousse à faire ce que tu me demandes, si c'est chose que je puisse faire et qui se soit faite déjà.*"

L'auguste Héra alors, perfidement lui dit :

"*Eh bien ! donne-moi donc la tendresse, le désir, par lesquels tu domptes à la fois tous les dieux immortels et tous les mortels. Je m'en vais, aux confins de la terre féconde, visiter Océan, le père des dieux, et Téthys, leur mère. Ce sont eux qui, dans leur demeure, m'ont nourrie et élevée, du jour où ils m'avaient reçue des mains de Rhéa... Voilà longtemps qu'ils se privent l'un de l'autre de lit et d'amour...*"

Et Aphrodite qui aime les sourires, à son tour, lui dit :

"*Il est pour moi tout ensemble impossible et malséant de te refuser ce que tu me demandes...*"

Elle dit et de son sein elle détache alors le ruban brodé, aux dessins variés, où résident tous les charmes. Là sont tendresse, désir, entretien amoureux aux propos séducteurs qui trompent le cœur des plus sages...

"*... Je te le dis : tu ne reviendras pas sans avoir achevé ce dont tu as telle envie dans le cœur.*"

Elle dit et fait sourire l'auguste Héra... » (p.292)

Le monde des dieux est un monde de magie et nous pouvons dire qu'Hermès, comme les autres divinités n'ignore rien de cet art que le brave Chiron pouvait enseigner. N'a-t-il pas instruit Jason sans oublier Asclépios ? La magie fait partie du savoir divin et Aphrodite possède celle qui lui permet de dominer les plus sages, Zeus en particulier ! Lorsqu'Hermès répond à Apollon, il connaît la magie d'Aphrodite, mais il la trouve si belle qu'il ne cherche même pas à s'en défendre. Son désir se porte simplement et sans détour, sur une beauté aguicheuse comme aurait pu le dire Hésiode en parlant plus généralement des mortelles.

Or Hermès est aussi associé à Hécate qui, tardivement, sera liée au monde des morts, à la magie, aux enchantements, à la sorcellerie et présidera, comme lui, aux carrefours qui sont considérés comme des lieux de magie. C'est aussi tardivement qu'elle deviendra la mère de Circé qui est la tante de Médée. Ce sont elles que nous retrouvons dans la légende des Argonautes et de Jason. La présentation d'Hésiode, une des plus détaillées de la *Théogonie*, nous parle surtout des bienfaits que Zeus lui aurait attribués :

« *Il lui a prodigué des dons splendides...*

Car aujourd'hui même, quand, où que ce soit, l'un des humains de la terre

Par un beau sacrifice accompli selon l'usage, cherche à se concilier la faveur divine,

Il invoque Hécate ; et les honneurs s'attachent en nombre,

Sans peine aucune, aux pas de ce qui voit la déesse (si son cœur l'y porte) accepter ses prières.

À celui-là elle octroie la prospérité... »

Hésiode énumère tous les bénéfices octroyés : dans la justice, à la guerre, chez les marins et les pêcheurs, avant de nous dire :

« *Elle fait prouesse encore dans les parcs à bestiaux, avec Hermès, pour faire croître le butin.*

Manades de bœufs, vastes hardes de chèvres

Troupeaux de brebis à l'épaisse toison (si son cœur le veut)

S'ils étaient clairsemés, elle les renforce – comme s'ils sont abondants, elle peut les amoindrir. » (p.95)

Hermès et Hécate sont donc associés par Hésiode et les légendes nous disent qu'ils sont amis des hommes. Pourtant, lorsque Zeus imagine Pandore et demande à Héphaïstos de lui donner une forme qui trompera les hommes il est dit qu'Hermès avait mis dans son cœur, ou dans sa bouche, le mensonge et la fourberie. Hésiode va plus loin dans *Les Travaux et les Jours* en évoquant la création de Pandore :

« *Il donna l'ordre à Hermès, messager au sillage splendide,*
De la doter d'une âme de chienne, de mœurs sournoises...
Dans sa poitrine, le Messager au sillage splendide
Forgea des mots mensongers et trompeurs, des manières sournoises,
Comme Zeus grondant le voulait...[19] »

Il est évident que Zeus le voulait ainsi et qu'Hermès ne pouvait éviter d'obéir. Préalablement Aphrodite avait été chargée de « *répandre sur son front la grâce et le désir douloureux, les soucis qui rongent les membres* ».

Quel amour ces deux divinités pouvaient bien s'accorder ?

Il est dit qu'Hermès aimait faire des farces aux autres dieux. Pour Aphrodite, il lui avait volé une sandale et lui avait promis de la lui rendre si elle acceptait de faire l'amour avec lui. Cela ne devait pas gêner la fille de Zeus, ni la déstabiliser, car elle connaissait la puissance de son influence en matière de désir, aussi bien sur les dieux que sur les mortels. Elle aurait accepté et l'enfant qui devait naître devait certainement la surprendre.

Pour aller plus loin, il faut parler d'Hermaphrodite, ce fils particulier dont la légende peut dérouter. Pour en percevoir

---

[19] HÉSIODE *La Théogonie. Les Travaux et les Jours et autres poèmes*. Traduction de Philippe Brunet. Commentaires de Marie-Christine Leclerc. Paris, Livre de Poche, 1999, p.99.

la force et la particularité, il faudrait l'opposer à la légende d'Agdistis cet être hermaphrodite émasculé par les dieux. Revenons, pour le moment à la légende du fils d'Hermès et d'Aphrodite.

Hermaphrodite était doté d'une grande beauté, ce que nous pouvons admettre aisément. Il avait été élevé par les nymphes dans les forêts de l'Ida. Devenu jeune homme il s'était mis à voyager de par le monde. Un jour, il arriva aux bords d'un lac d'une beauté merveilleuse. La nymphe du lac qui s'appelait Salmacis, devint immédiatement amoureuse de lui et lui fit des avances, ce qu'il refusa. Elle fit alors semblant de se résigner et se cacha. Hermaphrodite, toujours attiré par la beauté du lac eut alors envie de se baigner, se déshabilla et pénétra dans l'eau. Quand Salmacis le vit dans son domaine, à sa merci, elle s'approcha de lui et s'attacha à lui. Hermaphrodite ne put la repousser tandis que la jolie nymphe adressait une prière aux dieux afin qu'ils unissent leurs deux corps et qu'ils ne soient plus jamais séparés. Ce serait depuis ce jour que serait apparu un être nouveau à double nature.

La suite de la légende peut surprendre ! Hermaphrodite au lieu de se plaindre demanda à son tour une faveur aux dieux : quiconque se baignerait dans ce lac perdrait sa virilité.

S'il est facile de comprendre l'attitude de Salmacis, il est plus difficile de saisir celle d'Hermaphrodite. Ce jeune homme ne pouvait qu'avoir hérité des caractères de ses deux parents. Il avait la virilité d'Hermès, mais aussi la beauté séduisante d'Aphrodite. Nous pourrions penser qu'il possédait déjà ce caractère double qui semble subvenir au moment où la nymphe s'unit à celui qu'elle aime. Mais pourquoi le jeune homme demande que tout individu mâle qui se baignerait dans ce lac perde aussitôt sa virilité ? Veut-il rester seul à aimer Salmacis, a-t-il peur qu'elle ne lui soit plus fidèle ? Je crois que le symbole caché dans la légende est plus profond et moins érotique si l'on veut.

Hermaphrodite découvre une beauté qui le subjugue, une beauté qu'il n'avait jamais vue jusque-là et en tombe amoureux. La légende nous égare en inventant une aventure amoureuse, en faisant intervenir le temps alors que ce dernier disparaît au moment de l'union. Il est bien dit que la nymphe l'attend et s'unit à Hermaphrodite au moment où il entre dans l'eau. Il s'est déshabillé ou, sur un plan plus symbolique, il s'est dépouillé de tout ce qui n'est pas cet amour particulier, intense, total, merveilleux. Hermaphrodite est comme dominé par la beauté du lac et non par celle de la nymphe. Mais la nymphe ne fait que personnifier la beauté surnaturelle du lac. Il est nu lorsqu'il se jette à l'eau ! Nu de toutes les façons, physiquement, culturellement, émotionnellement, nu de toutes ses origines. La beauté du lac est la force qui l'attire et qui le pousse à entrer dans l'eau. Nous avons ici une autre formulation de cette rencontre que le mythe de Narcisse nous fait vivre autrement. Hermaphrodite qui semble vivre loin de ses parents, qui a grandi chez les nymphes, découvre dans un beau divin le besoin de s'unir à pareille beauté. Il ne cherche pas un amour ordinaire puisqu'il refuse les avances de Salmacis.

Ce n'est pas Salmacis qui l'attire, mais le lac dont la beauté le subjugue. Il aime une beauté sublime qu'il faudrait comprendre comme asexuée. C'est avec l'eau du lac qu'il veut entrer en rapport, qu'il veut aimer de tout son être, c'est à cette eau merveilleuse qu'il veut se donner. Or, pour se donner, il se défait de tout ce qui n'est pas lui.

Il ne veut rien en fait, il se laisse entraîner par une force inconnue comme peuvent l'être tous ceux qui connaissent un moment d'extase.

La suite se comprend alors plus facilement.

Hermaphrodite demande aux dieux d'enlever la virilité à quiconque se baignerait comme il le fait. Ce n'est pas qu'il veut être le seul à connaître cet amour qui le dépasse, l'emprisonne en quelque sorte, le ravit par rapport au monde ordinaire. La virilité représente ici tout ce qui relève de la volonté humaine, des décisions qui peuvent être prises, de notre intelligence, de notre raison, de toutes nos évaluations. Hermaphrodite découvre un amour qui ne saurait être celui que connaissent les mortels et même les dieux, un amour que maîtrise parfaitement sa mère Aphrodite. Il ne veut rien, il se donne ! Nous comprenons alors que pour se donner entièrement à cet amour, il doit oublier sa virilité, il ne doit plus désirer la moindre reproduction qu'un amour vulgaire a pour habitude de suggérer. D'une certaine façon, cette légende nous permet d'envisager une métamorphose.

Si nous sortons de la légende pour en suivre une autre, celle d'Héraclès, par exemple, nous savons que le héros, après le meurtre d'Iphitos, doit vivre comme esclave chez la reine Omphale. Or il est dit que tandis que la reine est habillée avec la peau du lion que portait Héraclès, ce dernier est habillé en femme, à la mode lydienne, et apprend à filer à ses pieds. Nous pouvons interpréter cet épisode en disant qu'Héraclès doit découvrir chez Omphale cet autre lui-même qui représente l'autre sexe. Il doit trouver dans cette approche de l'autre, l'équilibre que sa vie de combattant ne pouvait lui offrir. En réalité, il ne la trouvera pas !

Continuons à explorer les légendes.

Agdistis serait aussi un fils de Zeus et il aurait été pourchassé par les autres dieux avant d'être émasculé, devenant ainsi une femme. Or le sexe d'Agdistis avait été recueilli par la fille du fleuve Sangarios et, en le mettant dans son sein, elle avait donné naissance à Attis. Ce dernier était devenu un très beau jeune homme et Agdistis en était tombée amoureuse. Les parents adoptifs d'Attis qui ne voulaient pas de cette union éloignèrent le jeune homme et conçurent un autre mariage avec la fille du roi de Pessimonte. Au moment du mariage, Agdistis arriva, Attis le vit, devint fou et s'émascula. Le roi devait en faire autant. Attis étant mort de sa blessure, Agdistis obtint des dieux que le corps d'Attis resterait incorruptible.

Une autre version de cette légende fait intervenir Cybèle et Dionysos. Zeus aimait Cybèle et avait déposé de sa semence sur une pierre. Elle devait donner Agdistis, un être hermaphrodite que Dionysos aurait émasculé. Du sang d'Agdistis serait né un grenadier et la fille du fleuve Sangarios aurait fait naître avec une grenade Attis. Agdistis et Cybèle se disputèrent alors le bel Attis. Attis devenu fou s'émascula sous un pin et mourut. Agdistis obtint de Zeus que le corps d'Attis ne se corrompe pas.

Parlant de Cybèle Pierre Grimal nous dit :

« *Elle intervient peu dans les mystères qui nous ont été conservés. Le seul qui mérite ce nom est l'histoire d'Agdistis et d'Attis. Elle n'y joue qu'un rôle lointain. Attis y apparaît parfois comme son amant, plus souvent comme son compagnon. Il est possible aussi que sa personnalité se dissimule derrière celle de l'hermaphrodite Agdistis, que toutes les traditions s'accordent à montrer comme l'amante d'Attis, après sa mutilation.* » (p.107)

Il est plus qu'évident que l'émasculation d'Agdistis est symbolique. Elle est une autre façon de présenter le message qui se trouve dans l'amour d'Hermaphrodite. Lorsqu'Attis s'émascule en voyant apparaître Agdistis, alors qu'il allait se marier, il est emporté dans son acte non par la folie, mais par une beauté sublimée, une beauté qui lui fait oublier toute raison, tout discernement, toute forme de tradition. Il n'est plus celui que ses parents voulaient garder dans la vie ordinaire, il devient le servant d'une beauté surnaturelle et il meurt peut-être physiquement, mais surtout mystiquement et non sentimentalement. C'est en dépassant les images classiques de l'amour et de la folie que nous pouvons comprendre ce qui relève surtout du culte de Cybèle.

Le problème que posent les êtres hermaphrodites remonte aux temps les plus lointains et les aèdes ont probablement cherché à en donner une explication. Il est possible que des mutilations aient eu lieu également depuis des milliers d'années dans un contexte religieux. Il est dit que les prêtres de Cybèle étaient des eunuques.

Je voudrais retenir ici deux façons de remettre en question la virilité : soit par l'intermédiaire de l'extase, soit par celui de l'émasculation. La virilité est devenue avec les Olympiens une sorte d'obstacle pour les mortels voulant rejoindre le Ciel et obtenir l'immortalité. Elle est une qualité des premiers dieux jusqu'au couronnement de Zeux qui semble posséder le pouvoir non plus par la force, mais par la ruse et par l'idée. Pour que la virilité reste en éveil et détourne l'attention des hommes, Zeus a imaginé Pandore et Hésiode nous fait comprendre quel devait être son rôle dans ce contexte. Ce qui pourrait surprendre c'est la naissance d'Aphrodite qui joue au milieu des dieux le même rôle que Pandore. Or, Zeus, avec son esprit toujours à la recherche d'une prolongation de son règne, a imaginé les dieux comme des serviteurs zélés et s'il a donné le jour à Aphrodite, c'est bien pour qu'elle reste attentive à l'exploitation de la virilité, au sens le plus originel du terme à savoir la fécondité des dieux et des mortels. C'est en abusant de la virilité d'Anchise qu'elle mettra au monde Énée et en trompant celle d'Héphaïstos qu'elle donnera plusieurs enfants à Arès.

Ce que nous pouvons souligner cependant c'est que la première émasculation est celle d'Ouranos. Ouranos est, comme chacun sait, le fils de Gaia, la Terre, son double, mais un double viril qui semble indispensable pour engendre les dieux. Cette virilité, bien que nécessaire, dérange Ouranos et il force Gaia à garder ses enfants dans son ventre jusqu'au moment où Gaia demande l'aide de ses enfants pour la délivrer d'un tel fardeau et c'est Cronos qui se charge de la castration. C'est aussi le moment où Ouranos est séparé de la Terre et devient le Ciel dans lequel Hélios va pouvoir faire rayonner la lumière. Nous passons de la nuit au jour, mais grâce à la mutilation du fils de Gaia. Ne serait-il pas possible de voir dans cette légende l'origine des mutilations qui seront faites par la suite, en particulier pour les prêtres de Cybèle ? Pour devenir le Ciel, ou pour y monter, il faudrait s'émasculer, ne plus faire preuve de virilité. Autant dire qu'Héraclès est loin de choisir un tel procédé !

Les aèdes ne nous font-ils pas comprendre qu'il y a deux façons de se comporter lorsque l'on est un homme : faire des enfants, procréer et travailler pour survivre ou bien se dessaisir, physiquement ou intellectuellement, de sa virilité pour s'adonner aussi entièrement que possible à une vie spirituelle. Cette virilité sert aussi à assurer le pouvoir politique, le pouvoir par la force, par la guerre. Le premier à exercer le pouvoir dans les ténèbres du monde fut Ouranos. Cronos le lui a enlevé pour l'exercer à son tour et donner naissance aux enfants qui allaient le lui ravir à leur tour. Mais la légende nous dit aussi que le sexe tranché d'Ouranos donna naissance à une autre Aphrodite en tombant dans la Mer. Il y a donc deux Aphrodite : l'une fille de la Mer et d'Ouranos, l'autre fille de Zeus et de Dioné. Hésiode ne fait pas véritablement la distinction et les confond quant à leurs fonctions. Mais il est permis de les distinguer. Héphaïstos deviendra un orfèvre en restant neuf ans au fond de la mer, Dionysos échappera à Lycurgue en se réfugiant sous la mer, la mer représente la dynamique de la vie, des naissances et des transformations ou des renaissances. La première Aphrodite est donc une fille de la Mer et du sexe tranché d'Ouranos, bien loin d'être influencée par Zeus.

Comment ne pas se demander avec laquelle des deux Aphrodite Hermès a pu donner le jour à Hermaphrodite ?

Hésiode ne nous aide pas à faire un choix. Pour lui, l'Aphrodite qui sort de la mer est aussi celle qui domine les tendres entretiens virginaux, les sourires, les duperies, le plaisir suave, la douceur apaisante (p.73). Or nous pouvons dire qu'il néglige la dimension mystique d'une telle naissance. Cette Aphrodite est une sorte de renaissance d'Ouranos qui représente la force mystique que le Ciel donne aux hommes avant de devenir totalement immatériel. Comme son père, elle est aussi immatérielle et n'a aucune fonction divine, surtout celle de la fille de Dioné. Il est facile de comprendre que Platon ait pu opposer l'amour pur que personnifie cette fille née de la mer et l'amour vulgaire qu'il faut attribuer à la fille de Zeus.

En opposant les deux Aphrodites, nous comprenons mieux la légende d'Hermaphrodite.

Nous percevons clairement que l'extase amoureuse du fils d'Hermès le conduit à demander l'abandon de la virilité pour tous ceux qui, comme lui, se baigneront dans ce lac qui symbolise une beauté sublimée, capable de le ravir, comme une nymphe amoureuse. L'extase est bien déclenchée par une force extérieure, inattendue, imprévisible, indomptable, devant laquelle la virilité se retrouve totalement impuissante.

Dans les deux cas : extase et émasculation, le résultat apparent est le même, mais il faut ajouter que, profondément, ils diffèrent. L'extase n'a que faire de la volonté, de la conscience, de l'idée, l'émasculation, dès lors qu'elle est désirée, est le résultat d'un choix conscient, un acte délibéré. Si la virilité devient inopérante, dans un cas elle est le fruit d'une opération violente ou d'un effort personnel de longue haleine qui consiste à dominer la chair, dans l'autre elle disparaît brutalement sous l'influence d'une cause qui peut paraître divine au regard de sa puissance. Toujours en revenant sur le cas d'Héraclès, nous dirons que sa virilité, que l'on découvre avec les cinquante filles de Thespios, mais aussi tout au long de sa vie, est un véritable handicap. Si maintenant nous regardons du côté de Zeus, le seul moment où il est dominé par sa virilité est raconté par Homère dans l'*Iliade*. Pour le reste de sa vie, toutes les déesses ou les mortelles, qu'il utilise pour organiser son règne, ne mettent pas en jeu une virilité ordinaire, mais une soif de commandement et la peur d'en être privé. Ce n'est pas le plaisir qui le guide, mais le besoin de mettre au monde des enfants qui seront ses servants, ses grands prêtres, qu'ils soient Athéna, Apollon ou encore Aphrodite.

Si la légende peut traiter Arès d'amant d'Aphrodite, il n'en va pas de même d'Hermès.

Leur fils pose alors problème. A-t-il donné naissance à son fils avec la première Aphrodite et Hermaphrodite ne serait-il pas une image inventée par les aèdes pour signifier que l'hermaphrodisme est la porte qui s'ouvre sur l'immortalité à condition de n'utiliser aucun des deux sexes ? Nous avons bien des déesses qui restent vierges, Hestia, Athéna, Artémis, mais il s'agit de déesses qui n'ont pas de relation avec aucun dieu, ou aucun mortel. On voit clairement que ce n'est pas le cas de la fille de Dioné. Les dieux ne connaissent pas cette virginité. Ils peuvent ne pas avoir d'enfant, comme Héphaïstos ou Dionysos. Dans le cas de l'hermaphrodite, il possède les deux sexes et, dans le cas du fils d'Hermès comme dans celui d'Agdistis, qu'il y ait extase ou émasculation, il n'y a pas le moindre usage de l'un des deux sexes.

Il est permis de penser que l'amour qui peut se percevoir entre Hermès et Aphrodite est un amour sans orgasme, un amour inventé pour attirer l'attention des mortels sur un idéal divinisé, manifesté, qui représente une possibilité d'échapper aux contraintes de la vie ordinaire. Hésiode nous

rappelle les souffrances des hommes dans son second poème *Les Travaux et les Jours* :
> « *Or la race des hommes vivait jadis sur la terre*
> *À l'écart et loin de tout mal, à l'écart des souffrances,*
> *Des maladies douloureuses qui portent les Kères à l'homme.*
> *(Dans le malheur, de fait, les mortels vieillissent si vite !)*
> *Mais la femme prit la jarre, et, ôtant le couvercle,*
> *Les répandit, préparant pour les hommes des peines funestes...* » (p.100)

Mais nous pouvons aussi retrouver l'influence de la virilité dans le jugement de Pâris. Les trois déesses ne font qu'offrir à Pâris le commandement d'un Empire, la gloire au combat ou l'amour de la plus belle femme du monde. Aucune des trois ne lui propose l'immortalité telle qu'elle pourrait s'obtenir en oubliant cette force qui conduit plus ou moins vite à la mort. En fait, Zeus ne veut pas d'un tel oubli.
« *Pas moyen d'échapper à l'intention du Cronide* » (p100), dit Hésiode !

L'*hymne à Hermès*, attribué à Orphée est plus court, peut-être aussi plus élogieux et pourrait nous aider à mieux comprendre le rapport qui existe entre les hommes et Hermès :
> « *Écoute-moi, Hermès, fils de Maia, envoyé de Zeus,*
> *Cœur généreux, émulateur et seigneur des mortels,*
> *Inventif, réceptif, toi qui sut vaincre Argos,*
> *Messager aux talons ailés, complice des humains*
> *Et providence des marchands, expert en ruses et en machinations, Brandisseur de serpents, interprète de toutes choses, consolateur*
> *Qui tient entre tes mains l'arme infaillible de la paix,*
> *Bienheureux Parnassien, éloquent, bienfaisant,*
> *Secourable dans le malheur, compatissant aux éprouvés,*
> *Qui maîtrises la plus prodigieuse des armes, le langage,*
> *Écoute ma prière, fais que ma vie finisse dans la joie*

(p.93) *Partagée des travaux, des paroles et des souvenirs.* »

Hermès est proche des mortels. Il les aide de diverses façons, mais ne leur enseignerait-il pas l'art de déjouer cette virilité qui enchaîne à la matière ou à la Terre dont ils sont des manifestations ?

LE CONTRAIRE DU SURHOMME

Je comprends pourquoi Homère parle peu d'Hermès dans l'*Iliade* et pourquoi Hésiode passe si vite sur sa présence au sein des Olympiens en écrivant la *Théogonie*. Hermès est une divinité à part et difficile à cerner à travers les légendes, cela d'autant plus que les auteurs qui se sont succédé ont ajouté de multiples détails sans aller au fond des choses ou en suivant l'esprit de leur temps.

Homère traite de la guerre de Troie, mais surtout de la façon dont les demi-dieux affrontent la mort pour atteindre la gloire sans laquelle il n'y aurait pas d'immortalité. Si le poème est centré sur le cas d'Achille et montre comment Zeus se sert de la guerre pour le couvrir de gloire, il ne néglige pas les autres guerriers qui reçoivent les encouragements des Olympiens. Homère nous donne une sorte de double discours : le premier étant la guerre, le second étant le dépassement de soi, la recherche d'une surhumanité. La guerre sert de toile de fond, de contexte. Elle permet de mettre en scène les demi-dieux et les dieux sans lesquels l'immortalité serait sans grande importance. La mythologie est un enseignement caché qui met en relation les hommes et les dieux pour tenter de changer la nature des premiers en se comportant comme les derniers. Ce qui rend difficile la lecture de cette imitation c'est que tous les dieux ne se comportent pas eux-mêmes de façon identique et, pour le dire vite, les Olympiens diffèrent fondamentalement des premiers dieux : ils pensent !

Bien entendu, ce sont les aèdes qui ont imaginé cette différence pour induire un choix de vie qui leur semblait préférable, plus rentable peut-être aussi. La pensée permet de prévoir, d'évaluer, d'organiser, de choisir, de contrôler, de corriger, de communiquer, de dépasser l'acte instinctif ou réflexe qui devait être l'essentiel du comportement des premiers hommes. Or, il est clair, pour Hésiode, qui insiste tout au long de la *Théogonie* et particulièrement dans l'opposition entre Zeus et Prométhée, que l'idée est le maître mot de la révolution qu'il faut attribuer au monarque, à ses frères et ses sœurs. Athéna est la divinité qui, par excellence, manipule les idées et cherche à instruire les mortels pour qu'ils pensent comme elle. Sa relation avec Ulysse, qui pourrait apparaître comme fusionnelle par moments, est plus qu'une simple imitation de la part du roi d'Ithaque. Dans l'*Odyssée*, il est permis de se demander si Ulysse ne ruse pas davantage qu'Athéna et ne lui impose pas de l'aider ! Dans l'*Iliade*, elle est la divinité qui utilise la guerre pour éveiller les hommes, pour les amener à s'interroger, à souhaiter une fin glorieuse qui comblera la mémoire des générations futures. L'immortalité des demi-dieux ne sera pas tout à fait celle des dieux. Ils n'obtiendront pas la Jeunesse éternelle, comme Héraclès qui bénéficie de l'aide de Zeus, ils connaîtront un régime spécial de Bienheureux, ils seront des modèles pour les générations futures, mais ils seront ensevelis ou brûlés avant d'avoir un tombeau, comme Patrocle.

Dans leur ensemble, les légendes nous enseignent un dépassement de la vie ordinaire. Cet enseignement est réservé aux hommes, ce qui pourrait surprendre. Ou bien les femmes en sont exclues ou bien elles n'ont pas besoin de se battre pour devenir immortelles ? Nous avons tendance à oublier certains moments de leur naissance et nous ne gardons en mémoire que la création de Pandore. Un vrai bijou fait pour perdre les hommes, les égarer dans cette quête de surhumanité. Nous oublions qu'elles sont des enfants de la Terre, mis au monde par Pyrrha, la fille de Pandore, certes, mais après le déluge ! Pourquoi les femmes ne bénéficieraient-elles pas du feu divin, du feu intelligent et sans flamme ? Prométhée ne semble pas responsable d'un tel oubli, seul Zeus en porte la responsabilité et c'est bien là que nous percevons l'esprit des aèdes qui ont fait le choix d'exclure les femmes de tout effort d'élévation ! Zeus n'y est pour rien, ce sont les hommes qui ont pris le pouvoir, en même temps que Zeus, et qui deviennent des politiques en même temps que des guerriers. La cité est une affaire d'hommes, de même que le sera l'agora, et lorsque Télémaque regroupe les habitants d'Ithaque, Homère nous donne un aperçu de la réalité du moment. Les femmes, comme Hestia, sont chargées d'entretenir le feu à l'intérieur de la maison et de faire des enfants ou, si l'on veut, d'accroître le troupeau familial !

L'élévation n'a alors rien de spirituel, elle est essentiellement politique. Platon, en écrivant *La République* nous invitera à confondre politique et sagesse, mais cela n'est encore qu'une idée !

Il ne faut pas oublier cette réalité fondamentale : parce que les hommes prennent le pouvoir au sein de la famille, puis au sein de la cité, les femmes se trouvent reléguées à des taches subalternes ou serviles. En perdant peu à peu le pouvoir religieux souvent associé au pouvoir politique, comme au temps des Mycéniens qui font la guerre devant Troie, les femmes perdent la parole et en même temps le droit de penser. On a du mal à trouver dans les légendes une mortelle qui soit le pendant d'Athéna, alors que les hommes sont nombreux, mais Athéna, qui reste vierge, ne serait-elle pas l'exception qui rassure Zeus et surtout les aèdes ? Hélène sera un appât pour les demi-dieux, pour des prétendants prêts à en découdre afin de briller avec leurs armes de bronze. Aphrodite sera une divinité qui perd les hommes et leur fait oublier la quête du Ciel. Elle n'a pas beaucoup d'intelligence et Zeus qui l'a mise au monde sait s'en servir au mieux de ses intérêts. Seule Héra semblerait capable de penser, ou mieux de penser autrement que son époux, mais les aèdes s'empressent de cacher cette faculté sous une jalousie redondante. Déméter subit les embrassements de Zeus et la pauvre Perséphone se fait violer par son père ! Artémis ne pense qu'à chasser et fait preuve assez souvent de suffisance. Bien entendu, Gaia, Rhéa, Déméter, Cybèle, Héra et d'autres Grandes Mères sont écartées par les aèdes !

Pénélope représente bien la femme, telle que les hommes veulent qu'elle reste éternellement. Elle sera une femme discrète, capable de surveiller les biens amassés par le mari, de lui faire des enfants, et surtout d'être fidèle alors que son mari profite sans remords des plaisirs qui se présentent à lui. Ulysse pleure de ne pas pouvoir revenir à Ithaque, mais ses pleurs s'arrêtent lorsqu'il monte sur la couche de Calypso ou de Circé !

Les demi-dieux, conçus par les aèdes, sont des hommes poussés par l'idée de domination plus que celle de progression dans leur façon d'être. Ils sont des chefs, ou se veulent tels, et s'ils s'imposent sur le plan politique, deviennent des rois, ils s'entretuent souvent. Ils ont leurs faiblesses et se retournent vers des puissances invisibles pour tenter de maîtriser l'inconnu. Égée ira voir l'Oracle parce qu'il n'a pas d'enfants, Œdipe ira le consulter pour savoir qui il est réellement lorsque le doute s'empare de lui, Laïos ne tiendra pas compte de l'avertissement qui lui a été donné et sera à l'origine des malheurs de sa propre famille. Que penser de Minos, le fils de Zeus, lorsqu'il interpelle Poséidon pour montrer à ses frères que les dieux soutiennent sa candidature au trône de Crète ? En fait, les hommes veulent être forts, indomptables, mais doutent de leur pouvoir, surtout de leur capacité à le conserver. Cela commence avec Cronos, se poursuit avec Zeus, mais nous avons là une règle éternelle : la prise de pouvoir par la force ne garantit pas sa conservation. Les femmes conservaient le leur parce qu'elles procréaient et n'avaient pas la crainte de perdre ce pouvoir ! On peut comprendre ici pourquoi Athéna veut rester vierge et se doit d'être une guerrière !

Toutes les idées qui seront évoquées chez les dieux sont des idées propagées par les hommes afin de prolonger un pouvoir acquis ou parfois usurpé. Toute la stratégie de Zeus le montre.

La majorité des légendes nous font découvrir des hommes se battant pour l'obtenir et le garder, et nous comprenons que toute création de cité puisse être, presque immédiatement, suivie de fortifications, de guerres, de destructions, de reconstructions, de batailles et de pillages. Ce n'est que plus tard que les demi-dieux seront associés aux grands voyages commerciaux, aux créations de colonies et la propagation d'une culture.

Lorsque la mythologie nous présente ces guerres ou ces conquêtes, elle ne fait que diviniser ce qui se passe chez les hommes. Or, dans la réalité, les inquiétudes et les observations ont dressé comme un voile pudique sur un réel encore incompréhensible, inexplicable. Les hommes se sont donné des dieux pour mieux vivre, ou du moins pour donner de la force à l'espoir. C'est cet espoir que Zeus ne voulait pas donner aux hommes, mais, dans les faits, c'est l'espoir qui conduit les hommes, leur permet de subir les difficultés de la vie, de tenter des aventures et nous comprenons que la pire des punitions soit d'en être privé. Si Hésiode met l'accent sur cette force qui permet de subir ou d'agir, c'est bien parce qu'elle est la plus importante de toutes celles dont les hommes ont profondément besoin. Mais les hommes seront plus souvent à la recherche du « toujours plus » qui n'est pas l'équivalent du « toujours mieux » !

Les aèdes, bien longtemps avant que n'existe l'écriture, ont perçu l'origine des souffrances existentielles et pour rassurer les hommes ont imaginé des dieux capables de les aider. Il suffit de faire l'inventaire de leurs attributions pour voir de quelle manière ils pouvaient le faire. Mais, dans l'ensemble, les dieux ne paraissent pas disposés à donner leur soutien à n'importe quel prix. Ils ont leurs exigences et les hommes doivent en supporter la valeur d'échange. Le meilleur exemple est peut-être celui d'Orphée que j'ai déjà mentionné. Les dieux ont bien voulu l'aider, mais leur condition : ne pas se retourner ruine l'intervention d'Orphée qui perd définitivement sa femme. La morale de l'histoire est que l'homme si doué soit-il, si persuasif aussi, doit respecter certaines règles et la plus importante est probablement celle qui concerne la démesure. Orphée a failli dans sa démarche parce qu'il a voulu contrôler la décision des dieux, il s'est placé au-dessus d'eux et a perdu. Nous aurions la même aventure dans le cas d'Arachné qui voulait lutter avec Athéna en réalisant un tissage supérieur à celui de la déesse. Il serait possible de multiplier les exemples. Les dieux ne supportent pas que les hommes se comportent comme des surhommes sans leur permission. Disons que les aèdes mettent des limites à l'orgueil qui peut entraîner les pires des disgrâces ou des châtiments. Ixion, en voulant faire l'amour avec Héra, alors l'épouse de Zeus, oublie son insolence qui lui vaudra un supplice éternel.

Les mortels doivent rechercher le « plus » en sachant que le « plus » est la propriété des dieux et qu'ils ne seront jamais que des copies imparfaites ! Il est évident que les hommes vont souhaiter obtenir une supériorité matérielle bien avant de l'obtenir dans les œuvres de l'esprit. Le modèle de surhomme restera longtemps le célèbre Héraclès qui tue son professeur de musique n'ayant que combats et amour en tête ! Avant de se mettre au service d'Héra, il était un Alcide, et l'usage de sa force ne lui apportera pas l'intelligence qui lui manque !

En valorisant l'idée, l'art de penser, la raison, plus tard la sagesse, les hommes se sont efforcés de ne plus se comporter comme des animaux. Ils ont imaginé un idéal en divinisant les forces de la nature. Ces forces sont devenues des dieux et, de fil en aiguille, toute une organisation indépendante, à la fois des hommes et du monde, fut créée. À l'origine, l'homme était prisonnier de la nature, disons de la matière. Il survivait et ne pouvait qu'implorer, de sorte que les dieux ont remplacé des forces invisibles, surnaturelles. Il a fallu des millénaires, nous pourrions presque parler de myriades d'années, pour que l'homme se sédentarise, construise des cités, pense sa vie autrement que sous la contrainte de l'imprévu et des forces inconnues, incontrôlables. Avec un minimum de sécurité, face aux éléments naturels, l'homme s'est mis à réfléchir à la façon de les capter pour mieux vivre et il a commencé à dialoguer avec les divinités qui les remplaçaient, à vouloir les fréquenter, leur ressembler et, bien entendu, reculer ou même dominer l'instant de la mort.

Je crois que les hommes ont alors tenté de maîtriser deux éléments importants : la vie et la mort. S'il apparaissait possible de mieux vivre, il était plus difficile d'imaginer un contournement de la mort. L'éducation des demi-dieux, nos ancêtres mythiques les moins éloignés, ne pouvait que traiter de ces deux sujets, pour ne pas dire objets de recherche. Vivre mieux a probablement précédé l'idée de revenir à la vie et le problème est clairement posé dans la légende d'Asclépios : celle de sa rivalité avec Zeus qui le foudroie parce qu'il redonnait la vie. Zeus ne pouvait que perdre une grande partie de son autorité s'il n'était plus maître de ce passage entre les deux mondes !

Il s'en suit que la mort, pensée par des aèdes, respectueux de l'idée incarnée par Zeus, ne pouvait pas être admise comme indépendante d'un pouvoir toujours mystérieux. Seule l'amélioration des qualités de vie restait permise et l'idée pouvait se permettre d'envisager successivement : un comportement animal ou instinctif, un comportement humain dépendant de la matière, un comportement de demi-dieu ou d'homme supérieur et, finalement, un comportement divin.

L'utilisation de la pensée devenait l'outil du changement. Devenir un surhomme consistait à vivre comme les dieux, sans pour autant le devenir entièrement ! Il est facile de comprendre que la nécessaire comparaison entre les surhommes et les dieux imposait une certaine distance entre les deux.

Il est probable que les premières légendes, encore loin d'une production écrite, peut-être même accompagnées par les accords d'une lyre, n'ont pas valorisé l'idée comme le font les poésies d'Homère et d'Hésiode. Aux débuts de la recherche d'un dépassement de soi, l'homme a certainement pensé prioritairement à son cadre de vie et nous pouvons dire que Dédale est un représentant de cette époque. Il n'est pas étonnant que les légendes le situent aux côtés de Minos et pendant la civilisation minoenne. Il devait même être bien antérieur ! Il a fallu du temps pour que les hommes commencent à s'observer, se connaître, acquérir un minimum d'autonomie par rapport à la nature et à comprendre que leur façon de penser et d'agir pouvait avoir une influence sur la qualité de leur vie. Il est fort probable que c'est en vivant les uns près des autres, de façon sédentaire, qu'ils ont commencé à s'apercevoir qu'ils étaient dépendants les uns des autres, de moins en moins dépendants de la nature.

Nous pouvons situer le désir de copier les dieux à ce moment.

L'idée qu'en imitant les comportements des dieux il était possible de lutter contre la mort n'a pu venir qu'après. Lorsque nous lisons Homère, nous sommes dans cet après qui ne cessera plus de progresser vers des explications de plus en plus fines, pour ne pas dire irréalisables, de plus en plus loin de tout effort d'application. Les tragiques parleront encore d'une morale qui touche l'intelligence du cœur, mais déjà les philosophes vont apporter leurs méditations et enchaîner des propositions qui n'ont plus cette puissance didactique que possédaient les légendes.

La volonté de devenir un surhomme découle de ce qui précède. Homère nous donne peut-être la première version de la surhumanité, de la façon de construire un homme supérieur. Il ne s'agit pas de fabriquer un dieu, comme Cronos a fabriqué les premiers hommes ou comme Héphaïstos a fabriqué Pandore, mais de construire un homme qui pense, comme les dieux de seconde génération. Pour les aèdes qui réfléchissaient, les dieux ne pouvaient qu'évoluer comme les hommes, mieux que les hommes, ne serait-ce que pour leur montrer le chemin. Ainsi, un homme qui pense est un homme qui se rapproche du divin, qui s'éloigne de la monstruosité des premiers hommes qui ressemblaient aux dieux de première génération.

C'est dans cet esprit que les poètes ont imaginé les Olympiens et tous ceux qui participaient à cette conquête de la surhumanité. Lorsqu'Hésiode nous présente les cinq races d'hommes, lorsqu'il nous parle de la troisième dédiée à Arès, ne nous est-il pas permis de dire que cette race est exterminée au profit de celle des demi-dieux parce qu'il fallait détruire l'ancien pour construire le nouveau ? Arès est le dieu de la destruction, mais, sans lui, toute construction nouvelle serait impossible ! Il reste encore un peu présent dans la poésie d'Homère, mais il est fortement combattu par Athéna. L'opposition entre les deux divinités ne montre-t-elle pas que l'homme n'est pas un demi-dieu par décret du destin, mais le devient en choisissant de dépasser ce qu'il était et en affrontant la mort autrement, dans le but de gagner la gloire qui lui donnera sa place dans la mémoire collective ? Pour survivre dans la mémoire de ses descendants, ce qui est souvent rappelé dans l'*Iliade*, le guerrier doit penser la mort comme un passage indispensable à l'obtention de surhomme. Ce n'est qu'à cet instant où les dieux lui accordent la mort, qu'il devient un héros, autrement dit un adepte du culte d'Héra.

L'homme ne pense pas alors à la réincarnation. Il ne refuse pas la mort, il s'en sert pour grandir, pour laisser une trace, pour que les générations futures se souviennent de lui. Il devient une ombre et peut espérer conquérir l'estime des divinités ou ne pas subir le jugement de Minos ou de Rhadamanthe.

Ce que la mythologie nous montre, de multiples façons, c'est l'art de devenir un héros et nous pouvons dire qu'il dépend essentiellement de l'art de penser au moment où les légendes s'écrivent.

Hermès n'est pas un penseur ! Il ne perd pas son temps à méditer, il agit, comme le montre sa première action alors qu'il est encore dans ses langes.

Il ne passe pas son temps, comme son père, à tout calculer, à organiser, selon des stratégies souvent complexes, pour conserver un pouvoir. Hermès n'a rien à conserver, il n'a pas besoin de se battre, il n'a rien à détruire ni rien à construire. J'oserais dire qu'il s'amuse divinement, aussi bien avec les dieux qu'avec les hommes, peut-être même en jouant de la flûte. Vis-à-vis des idées, il n'est rien si ce n'est le messager qui porte celles de Zeus. Il n'est en rien responsable du contenu des messages.

On dit souvent qu'il est l'ami des hommes, mais n'est-il pas aussi l'ami des dieux ? Lorsqu'il permet à Zeus de reprendre le combat contre Typhon, il est son ami le plus cher, lorsqu'il libère Arès de son emprisonnement dans un pot de bronze, n'est-il pas aussi son ami ? Lorsqu'il rend visite à Perséphone en Enfer n'est-il pas son ami ? Inutile de multiplier les amitiés offertes aux divinités elles sont aussi nombreuses que celles accordées aux mortels.

Mais, Hermès n'est pas un modèle que les hommes peuvent copier et ses actions ne sont pas de nature à être reproduites. La plus importante aux yeux du grand nombre reste le détournement d'une partie du bétail d'Apollon. La nature de l'acte d'Hermès suffit à montrer qu'il ne s'agit pas d'un vol, mais de l'affirmation, dès le premier jour de sa naissance, qu'il n'est pas comme son frère et qu'il en est même l'image inversée. Hermès est le contraire d'Apollon et il le montre en agissant de nuit, ce que ne peut faire son frère, en agissant de telle sorte que son vol reste incompris, le bétail introuvable. Plus encore, peut-être, ce que ne fera pas Apollon, il descend quand il veut en Enfer. Si Apollon est le dieu de la lumière, Hermès est le dieu des ténèbres. Apollon est le dieu de la poésie, de la pensée, Hermès est le dieu de l'action, des inventions. Apollon est un dieu sérieux, Hermès est un dieu qui s'amuse. Apollon est au service de Zeus, Hermès n'est que son messager. Apollon a acquis l'art de la divination grâce à Thémis et sur la demande de Zeus, Hermès porte en lui le passé le présent et le futur et nous pouvons penser qu'il est la seule divinité vraiment éternelle !

  Devant un impossible classement, parce qu'il est seul de sa catégorie, Hermès n'a cessé d'intriguer et de recevoir toutes sortes d'attributions qui ne faisaient que laisser l'essentiel dans l'ombre où la divinité se complaisait.
  Hermès est invisible, insaisissable, incontrôlable, partout et nulle part, jamais où on l'attend. Ce qui a singulièrement compliqué la tâche des aèdes c'est sa possibilité d'entrer et de sortir des Enfers. Certes, Zeus y est allé pour violer sa fille, mais il a dû se transformer en serpent et accepter, pour un moment, de redevenir un monstre, le plus ancien de tous. Dionysos est allé chercher sa mère avant de monter au Ciel avec elle, mais n'était-il pas le jumeau de Zagreus, d'une certaine façon, son cœur n'avait-il pas battu primitivement en Enfer ? Pour sa part, Hermès voyage en Enfer parce qu'il est chez lui, qu'il est un enfant de la nuit, même si Nyx n'est pas la mère qu'on lui donne.
  Il est bien le fils de Maia, mais par sa mère se rattache à Chaos, à la Terre qui manifeste toutes ses forces invisibles, et

Gaia est la sœur de Nyx. Hermès est un enfant de la matière, ou mieux un avatar des Grandes Mères que Zeus s'efforce d'oublier. Enfant de la nuit dans laquelle il est à l'aise et peut agir comme en plein jour, il est la divinité mâle qui prolonge les puissances de la nature que les hommes adoraient lorsqu'ils n'étaient pas des penseurs. Les aèdes, qui adoraient l'art de cultiver les idées et avaient fait de Zeus son représentant le plus illustre, ne pouvaient pas revenir au passé en parlant d'Hermès. Ils se devaient de lui trouver une raison d'être dans le nouvel environnement divin et c'est pourquoi ils en ont fait le messager de Zeus. Pour le reste, ils en ont fait l'ami des hommes sans trop préciser comme Hésiode a pu le faire pour Prométhée. Bon berger, il est devenu une pierre dressée dans les carrefours sans savoir s'il indiquait la direction à prendre, il est devenu celui qui conduit les âmes en Enfer probablement pour qu'elles ne se perdent pas en route, il est devenu le roi du mensonge et des voleurs ce qui n'est pas très élogieux, il faut bien le reconnaître.

Non, Hermès n'a pas bénéficié de l'envolée de l'esprit, et il n'a pas subi l'imagination des aèdes comme les autres dieux.

Ou bien les aèdes n'ont pas osé l'opposer à la nouvelle règle en ce qui concernait la quête de la surhumanité, ou bien ils n'ont pas perçu, à cette époque, qu'il pouvait représenter une seconde voie de dépassement de soi. Tandis que les mortels étaient invités à penser le pourquoi de la mort et à choisir une mort glorieuse pour rester le plus longtemps possible dans la mémoire d'un peuple avide d'héroïsme, Hermès semblait se moquer d'un tel effort. Pour Hermès, il n'y avait pas de possible transcendance et c'est pourquoi l'opposition entre le bien et le mal ne pouvait exister pour lui. Il était voleur comme il pouvait être bon pasteur. Lorsque les tragiques reprendront les mythes anciens pour en extraire la morale dont les hommes de leur temps semblaient avoir besoin, ils ne feront que reformuler des affirmations de principe.

Hermès ne donne pas de règles de vie, ne donne aucune direction vers le haut ou vers le bas, ne dit pas qu'il faut progresser, se dépasser, ne dit pas qu'il faut respecter les dieux, ne demande rien et c'est pourquoi il est un dieu insaisissable. Alors comment faut-il le prendre en compte ?

Pour comprendre cette divinité, il faut revenir bien longtemps avant l'avènement de Zeus, autrement dit de l'idée. Il faut revenir à l'origine de la vie et partir de la matière. Gaia n'est qu'une force qui manifeste la vie en usant de la matière que lui a confiée Chaos, comme il l'a confiée également à Nyx et à Érèbe, deux autres forces complémentaires. Ces forces vont être utilisées par les aèdes pour donner naissance à un monde à trois étages : l'Enfer, la Terre et le Ciel. Or, ces premiers penseurs vont opposer la lumière et les ténèbres, un monde dominé par le soleil d'un côté, un monde prisonnier de l'obscurité d'autre part et donner du sens au passage de la nuit au jour. Avec le mythe de la caverne, Platon ne fait que poursuivre l'imagination des premiers poètes.

Le problème qui reste entier et que les aèdes n'ont pas pris avec le même sérieux est celui de la mort. Disons que la mort est apparue dans cette structure comme un retour à la nuit, un retour au passé, une sorte d'annulation de ce qu'avait été la vie. Devant cette vision négative de la mort, les dieux ne pouvaient être que des intermédiaires pour ne pas subir un tel effet dévastateur. Ce n'est pas immédiatement que les hommes ont compris qu'il fallait détruire pour construire, mais ils n'ont toujours pas compris, je crois, qu'il fallait revenir à la source de la vie pour vraiment changer.

L'actualité, plus que l'histoire, montre comment l'homme a progressé en ne revenant pas à la source. Il s'est englué dans sa pensée et, en lui donnant tous les pouvoirs, il a perdu les ancrages dans la matière et dans l'obscurité qui restent des fondamentaux. En isolant progressivement la pensée de l'acte, il a fini par ne plus pouvoir contrôler sa pensée et marche vers la mort sans même revendiquer la moindre gloire. L'immortalité se rapporte aujourd'hui à tout ce que l'homme aurait dû éviter de faire et l'histoire est surtout remplie de cataclysmes qui ne font qu'en induire de nouveaux. L'homme qui pense court vers sa perte au lieu de se dépasser comme nos anciens aèdes le souhaitaient !

Comment porterions-nous attention à Hermès en vivant comme nous le faisons aujourd'hui ?

J'oserais dire qu'il est un dieu qui dérange, parce qu'il propose de faire le contraire de ce que nous faisons à longueur de journée. Il nous invite à prendre le temps de vivre en regardant paître nos troupeaux, peut-être même en jouant de la flûte. Nous ne savons plus prendre le temps de chercher la bonne pâture, celle avec laquelle nous pourrons progresser. La mode, l'esprit de mouton de Panurge, la difficulté à être soi-même, tout cela nous pousse à prendre ce qui est choisi pour nous par ceux qui gèrent notre avenir comme un compte en banque. Nous sommes loin de la philosophie stoïcienne et je crois même qu'il ne reste plus grand-chose qui dépende vraiment de nous.

Nous sommes presque tous devenus des croyants. Dans un monde où l'observation des faits par soi-même est presque impossible, les informations tronquées jouent de vitesse pour saisir le maximum de partisans, et, finalement, nous disons je sais, alors qu'il faudrait dire je crois, parce que notre savoir n'est que celui d'un autre. Nous sommes devenus des colporteurs de savoirs copiés. Tout ou presque est devenu révélation ! Hermès n'est pas un dieu qui nous donne des directives, nous propose des savoirs incontournables, nous demande de croire en Sa Vérité pour la simple raison qu'il n'en a pas. Il se contente de transmettre celle des autres, de Zeus en particulier, du moins nous disent les aèdes !

Il ne nous propose pas de transcender notre vie, encore moins de ressembler à un dieu, quel qu'il soit. Dans un monde ou les croyances s'entretuent, ce qui n'est pas un phénomène nouveau, l'homme croit encore possible de prétendre que sa croyance est la seule valable, la meilleure comme s'il en existait plusieurs et qu'il soit possible de choisir. Les légendes nous le proposaient déjà il y a plus de trois mille ans ! Hermès ne nous demande pas de choisir une divinité pour la singer le mieux possible, il nous laisse devenir nous-mêmes ou bien des objets. C'est nous qui marchons de la naissance à la mort, mais il me semble que nous marchons comme des êtres aveuglés par la lumière de notre intelligence. Le feu divin nous est monté à la tête ! Nous avons trop consommé de nectar et d'ambroisie !

Hermès n'est pas un beau parleur, un phraseur, un orateur, et si la légende fait de lui un habile menteur, ce sont bien les aèdes ou les poètes qui lui font jouer ce rôle. La parole a pris le pas sur l'action et les mots fourmillent pour nous laisser croire que nous sommes intelligents. Il est probable qu'en la matière nous avons été devancés par Athéna, mais certainement pas par Hermès. Nous avons tant de choses à dire que nous n'avons plus le temps de faire et nous croyons avoir fait ce que nous avons dit que nous allions faire ! Ayant trop de mots à égrener dans le peu de temps que nous possédons, nous en arrivons à faire des résumés, des raccourcis. Peut-être, allons nous revenir aux cris de nos ancêtres qui avaient certainement un sens beaucoup plus précis ! Le bâton de commandement que nous découvrons chez Homère, lors des assemblées, n'avait rien du caducée et n'était surtout pas un instrument apportant l'harmonie. Hermès n'est pas un spécialiste de l'agora !

Hermès est-il un commerçant ? Ce n'est pas lui qui propose sa lyre ou sa flûte à Apollon, c'est Apollon qui les désire et qui lui propose de les lui acheter ! Il ne faut pas inverser les rôles. Hermès en est l'inventeur et son frère ne fait que proposer un échange qui est la base même de tout commerce. Ce n'est pas lui qui pillera Troie à la fin du siège, ce n'est pas lui qui s'occupe du butin que ramène Ulysse à Ithaque, on a même l'impression qu'il se contente de peu et ne possède pas de biens propres. Mais peut-être que son bien le plus précieux reste de ne rien posséder ?

Hermès est un passeur de vie. Il est là lorsque cesse ce que nous appelons la vie et que la mort nous oblige à changer de monde, à prendre un nouveau chemin, un chemin que nous ne connaissons pas. Or ce chemin ne semble pas très bien balisé et les légendes divergent quant à l'entrée des Enfers, quant au chemin qu'il faudrait prendre pour aller rendre visite à Hadès. La seule réalité observable est que pour aller chez Hadès, il faut pénétrer dans la Terre, se retrouver dans l'obscurité, perdre ses repères visuels dominés par la lumière du Soleil. Seul le serpent semble doué de la capacité de sortir et de revenir dans la terre et c'est bien lui que nous retrouvons sur le caducée ! Zeus s'est changé en serpent, mais jamais Hermès n'a eu besoin de cette métamorphose pour passer du monde des morts à celui des vivants.

Lorsque nous dormons, ne vivons-nous pas la même chose ? Lorsque nous méditons comme un moine zen, ne pénétrons-nous pas dans l'obscurité et dans la matière que nous manifestons, autrement dit l'équivalent de la Terre ? Nous perdons nos repères et c'est aussi ce qui se passe lorsque nous entendons certaines musiques qui nous captent et nous transportent au-delà de toute pensée !

Hermès ne conduit pas en personne les âmes, il s'agissait d'une image mythique et nous avons oublié que les aèdes l'avaient inventée. La réalité, moins poétique et plus naturelle, est que l'homme est fait de matière et que la matière possède une force qui nous invite à pénétrer dans la nuit, à descendre en Enfer, à quitter la lumière du Soleil, à revenir sur nos pas. Elle la possède depuis l'origine, depuis Chaos. Elle est indépendante de la forme. L'esprit n'est rien d'autre que de la matière, une qualité que nous avons progressivement isolée, en cherchant à mieux nous connaître. En lui donnant le droit de commander, nous avons fini par faire du corps une simple machine que nous avons mise au service de la pensée. Nous avons établi une relation privilégiée entre l'esprit et la lumière du Soleil, puis le feu divin qui n'était qu'une invention idéologique des aèdes. C'est cette force qui nous fait voyager aussi bien dans le monde qu'à l'intérieur de nous-mêmes. Chacune de nos décisions et chacun de nos actes représentent des cheminements nouveaux, voulus ou inattendus. La vie ressemble à un enchevêtrement de voies plus ou moins jalonnées et nous passons notre temps à faire des choix de direction. Notre vie peut être comparée à un carrefour qui change de nature en permanence et pendant que nous croyons choisir le bon chemin nous sommes invités, plus ou moins nettement, à revenir en arrière, de plus en plus loin, jusqu'à l'origine de la vie. C'est ainsi que nous descendons en Enfer pour questionner ceux qui pourraient nous faire comprendre ce que sera notre lendemain. C'est ce que fait Ulysse en allant voir Tirésias. En personnalisant cette force, en l'appelant Hermès, les aèdes n'ont pas pu lui donner des pouvoirs particuliers sur les hommes. Ils n'ont pas su, ou pas voulu montrer qu'il n'était que notre for intérieur, notre seconde nature, une force invisible que notre esprit captait de temps en temps. Les légendes nous font connaître cette voix intérieure qui nous invite à changer de route, à penser autrement. Ce sont elles qui nous présentent Hermès comme un guide alors qu'il n'intervient pas dans nos choix. C'est Circé qui invite Ulysse à descendre en Enfer, autrement dit au-dedans de lui-même, ce sont Héra, Athéna, Poséidon ou Apollon qui exhortent les mortels à rechercher la gloire. On ne voit jamais Hermès intervenir pour que les hommes choisissent de combattre pour devenir des héros ou pour qu'ils se retirent en eux-mêmes pour mieux se connaître et découvrir leur avenir.

L'homme a certainement cherché à s'éclairer dans la grotte qui l'abritait lorsqu'il commençait à maîtriser le monde. Il a cherché à accroître cette lumière pour ne plus subir la nuit et tous les dangers qu'il ne voyait pas. En s'éclairant artificiellement, il a vaincu la nuit, mais il a perdu nombre de connaissances qu'elle lui offrait. La vision a remplacé l'audition ou l'odorat et nous sommes devenus des infirmes dans ces domaines. Rares sont ceux qui, volontairement, reviennent vers cette source d'informations ou puisent dans le sommeil ce qui peut leur être utile au réveil. Rares sont les légendes qui parlent du sommeil et le cas de Psyché est trop tardif pour que nous puissions l'articuler avec celles d'Hermès.

Hermès ne nous enseignerait-il pas l'art de ne plus penser ?
Comment ne pas se poser la question lorsque l'on retient qu'il intervient surtout de nuit, pendant le sommeil, qu'il est invisible, et qu'il n'est pas de ceux qui font la morale ou provoquent les plaisirs de la rencontre amoureuse ? Son amour est totalement désintéressé. S'il aime les mortels, c'est sans attendre en retour quelque sacrifice qui lui permettrait de se sentir honoré. Hermès n'est pas de nature à guerroyer pour obtenir plus de reconnaissance de la part des humains, il est même permis de se demander s'il existe, ne serait-ce que par comparaison avec Apollon ou Aphrodite, sans parler de Zeus bien entendu. Sa discrétion va de pair avec son invisibilité. Hermès serait le seul dieu que nous ne voyons pas ! Les aèdes

l'ont qualifié d'invisible parce qu'ils ne pouvaient pas lui donner une forme, un visage, des cheveux bouclés, un corps d'athlète. Il n'était pas boiteux ! Il était une force et ils nous le laissent penser.

En l'opposant à Athéna et en suivant la poésie d'Homère, nous comprenons qu'il soit mis à part, disons presque oublié. Certes, on ne peut ignorer qu'il existe lorsque l'on parle des morts, des ombres ou de l'Enfer, mais dans la poésie épique qui fait la part belle aux héros et à leurs interrogations variés devant la mort, il n'a pas sa place et c'est Athéna qui brille par sa présence et ses interventions, parfois contre les dieux eux-mêmes. En regardant plus particulièrement le couple qu'elle forme avec son père, nous pouvons dire qu'elle fait tout pour que la force de la pensée domine toutes les autres forces, y compris la ruse qui semble alors domestiquée.

Si Hermès apparaît comme le serviteur attentif de Zeus, il me semble qu'il est surtout respectueux des ordres qu'il reçoit et s'efforce de ne pas traîner en chemin. Or, cette célérité dans l'action ne permet pas d'affirmer qu'il est consentant. Ce n'est pas lui qui commande, il se contente d'obéir et supprime l'effet du temps, grâce à ses sandales ailées. Il est la divinité qui rapproche le plus de l'instant. Or l'instant est ce que vit difficilement la pensée. L'instant ne permet même pas d'énoncer un mot. Dans l'écoute d'un son, il semblerait que la durée intervient, or elle n'est que la poursuite d'une multitude d'instants qui sont liés pour nous entraîner hors d'un temps maîtrisé. Hermès a inventé la flûte, ainsi que son fils Pan, mais ce n'est pas lui qui en joue le plus !

Ce qui se laisse voir, en marge des images poétiques qui en font le dieu des carrefours ou des chemins, le dieu pasteur d'âmes ou conducteur d'ombres jusqu'en Enfer, c'est son silence. Hermès n'est pas un dieu qui éprouve le besoin de s'exprimer, de donner son sentiment, d'être pour ou contre, de raisonner, sauf lorsqu'il vient voir Calypso à la demande de Zeus. Il est là et cela suffit ! Mais pourquoi ?

Hermès n'est pas une divinité qui siège comme les autres dieux dans le Ciel et qui de temps en temps voyage pour remplir ses fonctions, comme Déméter par exemple. Il n'est pas comme Artémis qui passe son temps à chasser ou comme Arès qui passerait son temps à faire la guerre, sauf quand il fait l'amour avec Aphrodite. Il ne siège nulle part, il est partout. Il serait même possible de le retrouver caché dans de nombreuses légendes et nous aurions vite fait de le dénicher en amont des prises de décision qui sont au cœur de toutes les aventures humaines et révèlent la dimension héroïque des hommes.

Lorsque Persée propose d'aller couper la tête de Méduse, Hermès connaissait son intention, avant même de l'équiper, avec Athéna, pour cette action périlleuse. C'est Persée qui choisit le cadeau qu'il veut faire à celui qui ne pense qu'à l'éloigner pour mieux se rapprocher de sa mère. Il est difficile d'imaginer qu'il ait agi à la légère, sans mesurer le danger de l'épreuve qui l'attendait. Si c'est lui qui parle de ramener la tête de Méduse, c'est bien parce qu'il sait qu'elle représente, en plus d'un cadeau royal, un véritable cadeau que les dieux peuvent lui octroyer. Persée peut être considéré comme un mortel de grande vaillance qui commence son cheminement initiatique, jalonné d'épreuves aussi délicates les unes que les autres. Or, en tuant Méduse, en lui coupant la tête, grâce à Athéna, il libère non pas un cheval ordinaire, mais Pégase qui deviendra le porteur de foudre de Zeus. Si la légende insiste sur ce cadeau qu'attend Polydectès et si tous les jeunes gens lui apportent un cheval ordinaire, Persée est le seul à partir chercher un cheval divin, puisque Pégase est un enfant de Poséidon. Nous pourrions penser qu'Hermès est déjà intervenu en proposant à Persée un chemin particulier, chemin que les autres ne prendront pas. On peut aussi penser que Persée, jeune homme au tout début de sa vie d'homme, fait ici le choix qui n'est pas celui que fait Achille en recherchant la gloire. Persée, même si cela n'est pas dit, cherche le chemin du ciel et cela se confirme lorsqu'il enfourche Pégase pour délivrer Andromède. Athéna peut l'aider à réaliser son projet, comme elle aidera de nombreux guerriers devant Troie, mais ce n'est pas elle qui fait choisir le chemin à prendre, ce n'est pas elle qui se situe au carrefour, là où l'homme commence sa quête de Ciel. Athéna ne le guide pas, et nous pouvons nous demander alors à quoi elle peut bien servir ! Persée n'a-t-il pas le casque d'Hadès qui rend invisible et les sandales ailées qui lui permettent de voler au-dessus de Méduse ? C'est Hermès qui lui donne la serpe d'acier qui permettra de couper la tête de la Gorgone ! Or la serpe, ou la faucille, en dehors d'être un instrument de paysan, symbolise l'action qui consiste à trancher les illusions du monde ordinaire, elle permet d'accéder à celui des réalités invisibles. Nous pouvons penser qu'Hermès et Athéna représentent, dans le cas de Persée, les deux chemins que l'homme peut prendre pour devenir supérieur, pour se dépasser.

Essayons de vérifier cette hypothèse dans d'autres légendes.

Ulysse ne serait-il pas un exemple contraire ? Hermès n'aide pas Ulysse, ni devant Troie, ni durant son voyage, ni dans son combat contre les prétendants. Il l'assiste en respectant les décisions de son père qui veut le voir rentrer chez lui, il lui offre un peu de sa magie et sait qu'il n'a pas choisi de prendre le chemin qui conduit à l'immortalité.

En dépassant le récit d'Homère, nous apprenons qu'Ulysse meurt de la main de son fils, qui ne le connaît pas, le fils qu'il aurait eu avec Circé. Or, découvrant son crime, Télégonos, ramène le corps chez sa mère ainsi que Pénélope. Ce serait donc à ce moment qu'Ulysse trouverait, sans l'avoir cherchée, ce qui ressemble à de l'immortalité.

J'ai pu écrire qu'Ulysse la refusait[20], voulait rester un simple monarque et rendre la justice à sa façon, peu différente d'ailleurs de celle de Zeus. Ulysse est aimé de Zeus et plus encore peut-être d'Athéna qui se dit plus rusée que lui, du moins parce qu'elle est divine. Ulysse est un mortel aimé des dieux qui raisonnent, des dieux qui commandent, des dieux qui font la guerre et qui font l'amour. Homère ne nous montre-t-il pas Hermès conseillant à Ulysse de ne pas dédaigner la couche d'une magicienne qui est aussi une déesse ? Que faut-il sous-entendre ? Hermès conseillerait-il à Ulysse de se laisser guider par Circé vers l'immortalité qu'il a refusée à Calypso ? Lui

---

[20] ANDRIEU G. *Le choix d'Ulysse : mortel ou immortel ?* Paris, L'Harmattan, 2013.

conseillerait-il de cesser de pleurer et de prendre du bon temps ? Le prépare-t-il pas à suivre son conseil de descendre en Enfer ?

La seule divinité à poursuivre Ulysse est Poséidon à cause de la mort de son fils Polyphème. L'opposition, entre les nouveaux dieux qui ne jurent que par la pensée et Poséidon, repose sur la façon de regarder la vie. Polyphème voit le monde à travers son œil rond, l'œil du cœur, de l'intériorité, Ulysse, comme Athéna, le voit à travers sa volonté de le gouverner, de le dominer et nous sentons, dans son indifférence aux malheurs qu'il éprouve, son absence de sentiments ou même d'amour. Il couche avec Calypso et avec Circé sans véritablement les aimer, ou en les aimant comme un simple guerrier pour qui la femme est un objet, et pleure sans cesse sur un retour interdit dans le pays où il retrouvera son statut de roi. Cela ne l'empêchera pas de faire des enfants avec les deux déesses qu'il rencontre, mais ils ne comptent pas à côté de Télémaque.

Hermès, nous dit Homère, répond à Calypso :

« *C'est Zeus qui m'obligea de venir jusqu'ici contre ma volonté ...*

Quand le Zeus qui tient l'égide a décidé, quel moyen pour un dieu de marcher à l'encontre ou de se dérober ?... » (p.134)

Lorsqu'il vient vers Ulysse pour éviter qu'il tombe sous le charme de Circé et soit transformé comme ses marins, il le protège, mais il n'intervient pas pour le guider, il continue à respecter la décision de Zeus qui est à l'origine du poème :

« *Mais allons ! tous décrétons son retour ! cherchons en les moyens ! Poséidon n'aura plus qu'à brider sa colère, ne pouvant tenir tête à tous les Immortels, ni lutter, à lui seul, contre leur volonté.* » (p.56)

Hermès n'intervient pas parce que les dieux ne peuvent pas remettre en question les ordres de Zeus et savent très bien ce qu'il en coûte de se révolter. Athéna accompagnera Ulysse tout au long de son voyage et lui assurera non seulement le retour, mais aussi la vengeance contre les prétendants. Nous pouvons dire que les dieux, Hermès et Poséidon exceptés, font tout pour soutenir le type d'homme qu'ils jugent idéal, tout simplement parce qu'il représente, sur le plan humain, ce qu'ils s'efforcent d'être sur le plan divin. Zeus décide du retour d'Ulysse, de sa vengeance et de la fin des combats qui semblaient renaître entre son héros et les familles des prétendants. Ne décide-t-il pas aussi de sa mort ?

Rappelons qu'Ulysse est le type d'homme qui plaît aux aèdes et qu'ils ont pensé les dieux intelligents, Zeus en particulier, à partir de cet homme rusé, actif, intelligent, prudent, capable de mener à bien tous les travaux comme il le montre en construisant son radeau ! A contrario, les aèdes n'ont probablement pas trouvé de mortel digne de devenir un modèle pour imaginer Hermès !

Si Hermès est heureux d'accompagner Persée sur le bon chemin, c'est parce qu'Hermès est le dieu qui éprouve du plaisir à voir son troupeau s'orienter vers le bon pâturage. Avec Ulysse, il n'a pas à intervenir, il laisse à Zeus la responsabilité de tout ce qu'il a décidé pour lui. Il n'est pas un dieu qui se révolte comme ont pu se révolter Héra, Poséidon ou Apollon. Cela dit, il est toujours là, invisible, rapide, aimable, et peut faire trouver le chemin à quiconque le cherche. Ulysse ne le cherchait pas et il n'avait aucune raison d'en choisir un pour lui. Jusqu'à la fin de l'Odyssée, Homère nous le montre comme un homme qui évalue et décide, peut-être surtout comme un homme sans cesse tourné vers le futur, vers ce qui va se passer plus que vers le présent. Ulysse réfléchit, calcule tout, se prépare à l'action longtemps avant d'agir. Il n'est pas de ceux qui sentent le destin basculer au plus profond d'eux-mêmes.

Dans cet exemple qui est à l'opposé de celui de Persée, il est clair qu'Hermès n'a rien à faire, si ce n'est servir Zeus. Hermès n'est pas un dieu qui propose ou qui incite à se comporter dignement devant la mort, comme peut le faire Athéna. Il est une divinité en retrait, il observe son troupeau, il le regarde paître, il le protège des loups et il l'accompagne au-delà de la vie. Nous retrouvons chez lui le comportement du berger ordinaire. Il ne fait que mener ses bêtes sur un bon pâturage en les laissant dévorer ce qui leur paraît bon. Nous comprenons bien qu'Hermès n'est pas de ceux qui réclament l'amour que les mortels se doivent de donner aux dieux. Il les observe, il les accompagne et peut leur éviter des faux pas lorsque leur conduite peut avoir des effets négatifs. C'est le cas pour Ulysse à qui il donne l'herbe de vie, au moment où il s'est déjà engagé sur le bon chemin avec l'espoir de délivrer ses hommes d'équipage.

Ce que nous comprenons mieux en observant Hermès, c'est que la vérité intérieure et la véritable quête du divin ne sont pas des réalités qui s'observent, se mesurent, se gagnent en combattant. Tant que l'homme reste un guerrier, il s'efforce d'être ou de ne pas être cet individu qu'il voudrait être ou devenir. C'est bien dans la tête que se trouve l'idéal que Zeus veut imposer aux mortels. C'est de sa tête qu'est sortie Athéna et il suffit de rappeler que Zeus a fait l'amour avec Maia dans une grotte, en Arcadie. Aurait-il voulu que son enfant soit différent ? Zeus est le monarque qui pense à tout, qui organise tout, y compris la naissance de ses enfants. Pourquoi aurait-il imaginé cette naissance au fond d'une grotte obscure ? Ne faut-il pas revenir à l'*Hymne à Hermès* pour mieux connaître ce lieu obscur ?

Lorsqu'Apollon pénètre dans la grotte, où Hermès s'est remis dans ses langes, il est stupéfait.

« *Il jeta les yeux dans tous les recoins de la vaste grotte et découvrit une clef brillante à l'aide de laquelle il ouvrit les portes de trois spacieuses retraites où abondaient le nectar et l'ambroisie délectable. Il y découvrit aussi beaucoup d'or et d'argent, beaucoup de vêtements, sombres ou brillants, ainsi que des parures appartenant à la nymphe, tout ce qu'en somme recèlent les demeures sacrées des dieux bienheureux.* » (p.103)

Hermès n'avait donc pas besoin de voler du bétail pour faire la richesse de sa mère ! S'il a volé Apollon, c'est pour se jouer de lui, lui montrer qu'il n'est pas une divinité qui peut tout se permettre. Si Hermès aime faire des farces à ses semblables, ce n'est pas ici le cas. Ce que l'on peut retenir c'est qu'il y a tout ce qu'il faut dans cette grotte, tout ce qu'il faut pour vivre comme un dieu. Elle ressemble à un palais dans lequel régnerait la nuit. Hermès est un dieu qui sort de sa grotte pour voler du bétail à Apollon et revient sans ramener ce bétail qu'il a simplement caché. Il ne l'a pas volé pour le garder et cela change la nature de l'acte qui n'est pas un simple vol. Il prend des génisses à Apollon et le fait de nuit alors qu'elles ne sont pas au pâturage et ne fait que les changer d'étable. Le vol n'est donc pas un larcin comme on pourrait le penser dans une première lecture. Ne pouvons-nous pas penser qu'Hermès ne fait que remettre en question une autorité qu'Apollon ne semble pas assumer correctement, ou suffisamment, ou le fait d'une façon particulière ?

Zeus est né dans une grotte, en Crète, mais il en est sorti pour conquérir le pouvoir et le Soleil est devenu son plus fidèle éclaireur. Hermès est né dans une grotte, mais profite de la nuit pour imposer une véritable leçon à Apollon, lui faire comprendre qu'il n'est pas seul à détenir la vérité.

Hermès nous invite à revenir dans la grotte où nous sommes nés, à revenir en arrière, à vivre ce retour qui est le contraire de ce que propose Athéna, conformément à la volonté de son père. Lorsqu'Ulysse s'aventure la nuit avec Diomède pour espionner les Troyens, il n'agit pas de la sorte, il utilise la nuit et se comporte véritablement comme un voleur de chevaux, comme un bandit de grand chemin dont l'acte est couvert par la stratégie guerrière.

Dire qu'Hermès est un dieu nocturne ne suffit pas, il faut préciser de quelle nuit il s'agit.

Lorsque l'on dit qu'il est le dieu du sommeil, il faut encore se méfier et ne pas tout confondre.

Reprenons la légende de Jason pour mieux comprendre ce que peut représenter ce sommeil.

Jason commence par être le serviteur d'Héra en lui faisant symboliquement traverser une rivière. Il pourra entreprendre le voyage en direction de la Colchide et ramener Médée qu'elle veut utiliser pour se venger de Pélias. Les Argonautes vivent l'aventure, mais seul Jason est responsable de la conquête de la Toison d'Or. De retour, après le meurtre de Pélias, il est chassé d'Iolcos, ainsi que Médée, et se retrouve à Corinthe. Là il veut épouser la fille du roi Créon et Médée en vient à tuer la future épouse ainsi que son père grâce à sa magie. S'il est revenu à Iolcos où il aurait vécu, peut-être régné, lui ou son fils, il est dit aussi par certaines légendes qu'il finit sa vie à Corinthe. C'est sa mort qui est intéressante. M. Grant et J. Hazel nous disent :

« *Selon la tradition la plus connue, il survécut encore quelque temps, rêvant à sa gloire passée ; mais un jour, alors qu'il se reposait à l'ombre de son vieux bateau, à Corinthe, un élément de la carcasse – peut-être la proue aux dons prophétiques, qui venait de Dodone – se détacha et, en tombant tua Jason sur le coup.* » (p.256)

Pierre Grimal nous parlant de la construction de l'Argo, le navire construit pour aller en Colchide, nous dit :

« *Le navire fut construit à Pagassae qui est un port de Thessalie, par Argos avec l'aide le la déesse Athéna. Le bois provenait du Pélion, sauf la pièce de proue, apportée par la déesse, et qui était un morceau du chêne sacré de Dodone. C'est elle qui l'avait taillée, et elle l'avait douée de la parole si bien qu'elle pouvait prophétiser.* » (p.47)

J'en ai déduit que Jason était mort au moment où Zeus l'avait décidé[21].

Il est évident que la mort est ici concrétisée par la légende, comme toutes les morts ou toutes les naissances, mais il s'agit toujours d'un passage, d'un symbole de transition, de changement de chemin entre une vie de mortel et une vie d'immortel. Une fois encore il ne semble pas qu'Hermès soit responsable de ce changement de direction. Pas plus qu'Ulysse, Jason n'est guidé par Hermès au moment de sa mort. Dans les deux cas ils ne décident pas, ils ne veulent rien, ils ne cherchent rien, ils subissent et si Zeus récupère ces deux âmes, c'est parce que l'une, celle d'Ulysse, correspond à ses idéaux divins, l'autre, celle de Jason, parce qu'il a œuvré en faveur de son autorité que ce soit avec Héra ou en entraînant les Argonautes au péril de sa vie. Hermès n'a rien fait pour Jason et s'il se repose à l'ombre de l'Argo, c'est bien Zeus qui le tue. Jason ne pouvait imaginer ou souhaiter cette mort et la légende dit bien qu'il pensait alors au passé tel qu'il l'avait forgé en compagnie d'Athéna.

Jason pensait à sa vie écoulée, il ne cherchait pas le chemin de la vérité, le chemin de l'immortalité. C'est Zeus qui,

---

[21] ANDRIEU G. *Jason le guérisseur au service d'Héra*. Paris, L'Harmattan, 2014.

seul, juge du moment où il peut la lui offrir en récompense à ce que nous pourrions qualifier de loyaux services !

Nous pourrions imaginer qu'Hermès a provoqué le sommeil, ce serait penser qu'Hermès participe aux projets de Zeus ! Mais la légende dit qu'il se repose, elle ne dit pas qu'il dort !

Avec les autres divinités, nous avons pris l'habitude de les voir décider à la place des hommes, du moins de leur offrir ce qu'ils méritent d'après leur propre évaluation. Or, cette évaluation est l'équivalent de notre conscience, de notre recherche du bien qui hantera bientôt les philosophes. Ce sont les aèdes qui font parler les dieux, qui les rendent juges du comportement des hommes, mais ce sont les hommes qui, en eux-mêmes, se jugent, se distribuent des prix, des médailles ou de simples couronnes comme aux Jeux olympiques. Rappelons que les premières légendes écrites et les Jeux sont presque de la même époque puisque les premiers Jeux dateraient de -776 !

Hermès n'est pas un juge qui distribue des récompenses. Il n'est pas non plus cette conscience qui est le reflet d'un état d'esprit dans un monde donné à un moment donné. Il se situe en amont de toutes les formes de pensée et c'est pour cela qu'il n'intervient jamais directement pour indiquer le bon chemin. Ce chemin, c'est l'homme qui le cherche spontanément, sans réfléchir, tout simplement parce qu'une force de progrès le pousse en secret. Il ne le sait pas, mais il est mû par cette force qui peut aussi bien le faire progresser que régresser. L'homme cherche sans cesse le bon chemin, mais il ne comprend qu'après, lorsqu'il s'est engagé, qu'il était le bon ou le mauvais chemin. Sans oublier que tout est relatif. Nous le voyons clairement avec Œdipe au moment où son choix le conduit à tuer son père et, de ce fait, à confirmer la malédiction que Pélops avait proférée contre Laïos. Parce qu'Hermès intervient toujours très vite, surprenant son monde, il semble qu'il soit informé de tout, mais il ne remet rien en question. N'oublions pas que les Moires, les plus originelles, non les enfants de Zeus et de Thémis, sont des enfants de la Nuit, de Nyx, qui est la sœur de Gaia puisque toutes les deux sont des enfants de Chaos. Ce sont elles qui tissent le vrai destin, non les filles de Zeus. Il a tout organisé et surtout imaginé comment les hommes pouvaient revendiquer l'immortalité en obtenant la gloire et surtout en s'efforçant de la placer sous l'autorité de la pensée. Il a cru qu'en faisant naître de nouvelles Moires et en plaçant ses fils en Enfer pour juger les ombres, il pourrait orienter à sa guise les comportements des mortels. De la même façon qu'il fera naître Apollon pour le seconder, il a dû faire naître Hermès avec l'espoir de l'utiliser pour distribuer, dans le Ciel et sur Terre l'ensemble de ses ordres. Or, Hermès est un enfant de la matière, de la Terre, des Grandes Mères et la première de ses actions consiste à faire comprendre à Apollon qu'il ne peut pas tout décider, qu'il ne sait même pas garder son troupeau puisque même un enfant qui vient de naître peut le lui prendre et le cacher !

Bien sûr, les aèdes n'ont pas choisi cette vision du devenir de l'homme et ils ont misé sur l'intelligence, en organisant son vol par Prométhée pour bien montrer qu'elle était divine. Hermès n'a que faire de cette intelligence. Il en possède une autre, plus ancienne, moins fragile, logée dans la matière et non dans sa manifestation.

Aujourd'hui, nous accordons plus facilement des éloges à Hermès Trismégiste qui est, lui aussi un personnage mythique. En fait il appartient à l'Antiquité gréco-égyptienne et ne saurait appartenir aux premières légendes écrites, encore moins les légendes déclamées par les aèdes. Il faut attendre les IIIe et IIe siècles avant notre ère pour trouver des textes écrits en grec dans l'Égypte hellénistique. L'assimilation Thot-Hermès remonte à cette époque et il est dit qu'Hermès-Trismégiste serait le deuxième Hermès, d'autres parlent du cinquième. Thot aurait eu un fils Agathodé qui lui-même aurait eu un fils Tat qui serait Thot-Trismégiste, le « trois fois très grand ». C'est lui qui aurait permis à Isis de rendre la vie à Osiris et serait considéré comme un dieu rassembleur. Il passait aussi pour être le secrétaire des dieux et c'est peut-être pourquoi il serait à l'origine de la Table d'émeraude.

Le plus important ici est de voir que ce nouvel Hermès, passait pour être détenteur de toutes les connaissances, aussi bien sur le plan de l'alchimie, de la magie, de l'astrologie, que de la médecine et de ce que l'on appelait la science du vrai.

Comment ne pas voir dans l'imagination des hommes, l'évolution du modèle qu'ils s'efforcent de construire ? Ce qui change c'est la façon de le présenter, de le nommer peut-être, mais surtout de le décrire. Ce qui reste vrai, par contre, c'est la possession de toutes les connaissances, Hermès a toujours été un dieu différent des autres et nous avons tenté de comprendre pourquoi. Il n'est pas un dieu issu de la réflexion des aèdes ou des poètes, il est une force de cohésion, d'harmonie qui se trouve non pas au-dehors, mais au-dedans de l'homme.

Lorsque je dis qu'Hermès ne pense pas, c'est pour bien montrer que la pensée n'est qu'une peau jetée sur la matière comme l'égide qui sert de bouclier à l'idée, puisque Zeus est la personnification de l'idée. Enlever l'égide c'est mettre Zeus à nu, c'est le soumettre à la folie du désir qui est la force la plus originelle, mais aussi la moins utile à toute forme de transcendance. N'oublions pas que ses trois guerres consistent à lutter contre des monstres et qu'il est lui-même monstrueux puisqu'il est fils de Titan ! L'idée, telle que les aèdes la représentent, ne peut que conduire à un combat contre la virilité qui engendre la recherche de pouvoir. Le mythe d'Hermaphrodite nous aide à comprendre l'opposition que Zeus établit entre les hommes et les dieux. En envoyant la guerre sur Terre, Zeus a demandé aux hommes d'engager le combat contre leurs propres monstres comme il a engagé le sien contre les Titans, les Géants et Typhon. Il ressort du poème d'Hésiode que le monstre le plus dangereux, dans la recherche de la surhumanité, reste le désir de l'union avec la femme personnifiée par Pandore. Hermès n'épouse pas une telle idée pour la simple raison qu'il ne pense à aucun progrès humain, à aucune stratégie d'évolution, qu'il ne conçoit pas de dualité entre l'homme et les dieux, entre l'avenir et le passé, entre la matière et l'esprit, entre un dehors et un dedans.

Il est celui qui assemble au contraire et qui représente par sa présence un tout que l'homme a morcelé à l'aide de ses idées. Or, la seule façon de retrouver l'équivalent de cette représentation divine consiste à revenir à la matière, si possible avant qu'elle ne soit manifestée par Gaia ou par Nyx.

Hermès est un joueur de flûte, plus que de lyre, et Apollon a surtout récupéré l'instrument qui s'accordait mieux avec ses idées ou ses discours. Lui, l'archer divin ne peut que décocher ses flèches sur les mortels, pour les perdre ou les rendre divins. Hermès laisse les hommes décider par eux-mêmes lorsqu'ils perçoivent la voix qui chante en eux et leur propose l'expérience d'un séjour en Enfer, autrement dit au plus profond d'eux-mêmes. L'extase, qui correspond à la fin de toute forme de pensée, est ce qui nous permet de comprendre aujourd'hui ce que les aèdes considéraient comme un voyage en Enfer. Certes, ils ne pouvaient que la décrire comme un véritable voyage, souvent difficile, mais tout ce qui se passait en Enfer se déroulait comme s'il s'agissait d'un rêve. L'extase n'est pas le fruit d'une longue méditation sur tel ou tel sujet, sur tel ou tel objet. Elle accompagne au contraire l'arrêt brutal de toute forme d'observation et d'analyse. La vérité qui apparaît dans l'extase n'est ni une vérité construite ni une vérité recherchée, ni une vérité révélée.

Nous avons poursuivi les appréciations des aèdes et nous avons divinisé ce que l'extase nous offrait en parlant de révélation. J'aimerais dire alors qu'Hermès est le dieu qui supprime tous les voiles qui cachaient une autre vérité pour nous permettre de la regarder et de l'approcher. Car, l'extase ne consiste pas à s'approprier cette vérité que l'on découvre, mais à se donner à elle, sans avoir le temps ni l'envie de chercher à établir avec elle un contrat ou un échange.

Lorsque l'on dit qu'Hermès est un dieu des carrefours, je crois qu'il vaudrait mieux dire qu'il est le dieu qui nous donne l'envie de nous orienter, de choisir et d'agir. Il serait davantage celui qui nous situe devant un choix de direction alors que les autres divinités nous demandent de suivre leurs décisions, qu'il s'agisse d'Apollon, comme on le voit dans l'*Iliade* avec Patrocle, ou avec Aphrodite se querellant avec Hélène, sans oublier Athéna vis-à-vis de Diomède.

Dans l'épilogue d'un petit livre merveilleux de Paul Brunton, *Le Sentier caché*, nous pouvons lire cette synthèse finale :

« *S'il doit devenir, un jour, semblable à Dieu, l'homme doit y parvenir par sa propre et libre volonté. Et la meilleure garantie qu'il le fera, c'est la présence en lui d'une étincelle divine. Il y a, dans le cœur, des voix qui ne nous trompent pas – ainsi celles de l'Espérance et de la Bonne Volonté – et ces voix-là, nous les entendrons à nouveau !*

Car cet instant divin qui habite l'homme est quelque chose d'indéracinable ; il peut être momentanément assoupi, mais il se réveillera certainement un jour.[22] »

Si nous reprenions les écrits de Paul Brunton, nous pourrions dire qu'Hermès est cette étincelle divine dont il parle et que je trouve personnellement dans la matière, telle que Gaia a pu l'utiliser pour construire le monde. Dans cette citation il y a comme une contradiction. La volonté ne peut être associée à l'étincelle divine. L'homme, lorsqu'il ressent cette force, comme le moment de choisir un nouveau chemin, ne fait pas appel à sa volonté. Il se laisse entraîner, il n'intervient plus avec son vouloir, il ne pense plus de façon rationnelle, il se donne à cette force. Lorsque le sage Guendune demande à celui qui médite de ne rien chercher, il lui donne le meilleur des conseils et c'est un peu ce que devait attendre Hermès.

Si la mythologie nous donne l'impression que l'homme doit décider de son envol vers le Ciel, qu'il doit être volontaire pour mourir glorieux, c'est parce que les aèdes ont préféré donner à l'homme la possibilité de commander aussi bien au monde qu'à lui-même. En réalité, les dieux ne sont que des représentations qui montrent, sous forme d'images, des qualités humaines indispensables à la conquête de la matière.

Dans notre pensée rationnelle, ou dans nos croyances qui l'accompagnent, le bon berger est celui qui va chercher la brebis égarée. Mais ce n'est pas ainsi qu'Hermès est un bon berger. Il agit de la sorte lorsqu'il transmet des ordres de Zeus. Mais lorsqu'il nous éveille au son de sa flûte pour nous rappeler qu'il existe un chemin que nous n'avions pas vu, alors il devient ce dieu que nous qualifions d'ami des hommes.

---

[22] BRUNTON P. *Le sentier caché. Méthode pour la découverte spirituelle de soi-même.* Paris, Victor Attinger, sd, p.166.

Homère n'est certainement pas le mieux placé pour nous parler d'Hermès, Hésiode non plus et les tragiques encore moins. Il arrive dans un monde dominé par la guerre, par la raison qui tente d'installer une justice humaine semblable à celle des dieux. Il nous parle d'un monde qui n'a plus pour supporter ses souffrances que l'espérance ! Désormais, la vie est une lutte quotidienne et l'homme ne peut qu'apprendre à subir, à résister, rarement à sentir l'appel des cimes, autrement dit du Ciel. Ce n'est pas Zeus qui a voulu enlever l'espérance aux hommes, ce sont les idées et la nécessité de combattre pour devenir un homme supérieur.

Lorsque je perçois les attributions divines d'Hermès, je retrouve une autre approche du dépassement de soi chez Nietzsche, dans *Ainsi parlait Zarathoustra*. Elle pourrait permettre de comprendre les légendes sur lesquelles l'auteur s'appuie fort souvent.

Lorsque Nietzsche s'écrie à la fin de son poème, car il est possible de lire son récit comme un poème,

« *" Pitié ! La pitié pour l'homme supérieur ! " s'écria-t-il ; et son visage devint de bronze. Eh bien ! Cela a eu son temps !*

Ma passion et ma compassion – qu'importe d'elles ? Est-ce que je recherche le bonheur ? Je recherche mon œuvre ![23] »

Certes il faut suivre le poète tout au long de son interrogation qui pourrait bien être la force qu'il porte en lui et qui l'invite à dépasser l'état de surhomme. Tous les surhommes qu'il a rassemblés dans sa grotte lui ont fait entendre leur cri de détresse parce qu'ils n'arrivaient pas au but qu'ils s'étaient fixé et Zarathoustra comprend qu'il a perdu son temps à vouloir les aider, les conseiller, les nourrir de sa sagesse, lui son lion, son serpent et son aigle. Pour le sage, l'ultime péché est d'avoir de la compassion pour ces hommes qui veulent devenir des surhommes et n'y arrivent pas quel que soit le chemin qu'ils ont pris.

---

[23] NIETZSCHE F. *Ainsi parlait Zarathoustra*. Traduit par Henri Albert. Paris, Mercure de France, 1946, p.380.

Avant de quitter sa caverne une nouvelle fois, il s'écrie :
« *Voici mon aube matinale, ma journée commence, lève-toi donc, lève-toi, ô grand midi !* » (p.381)
Nous comprenons que ce grand midi correspond à ce tout qu'il cherche et n'est même pas doublé par son ombre. Lorsqu'il dialogue avec son ombre, c'est elle qui nous fait comprendre qu'il n'a pas trouvé lui-même ce qu'il cherchait en vain.
« *" Où est ma demeure ? " C'est elle que je demande, que je cherche, que j'ai cherchée, elle que je n'ai pas trouvée. O éternel partout, ô éternel nulle part, ô éternel – en vain.* » (p.319)
Or, juste après il découvre le plaisir du sommeil et nous dit :
« *O bonheur ! O bonheur ! Que ne chantes-tu pas ; ô mon âme ? Tu es couchée dans l'herbe. Mais voici l'heure secrète et solennelle, où nul berger ne joue de la flûte.* » (p.321)
C'est ce sage qui prend conscience de ses efforts inutiles pour devenir supérieur, et nous le fait savoir en critiquant tous ceux qui s'efforcent de l'être, qui pourrait bien être la représentation de cette force invisible et soucieuse d'harmonie. Il a passé sa vie à chercher le moyen de surmonter l'homme et n'a su qu'éprouver de la pitié pour tous les efforts inutiles qu'il a faits lui-même. Dans son dialogue avec les hommes supérieurs, il leur dit clairement :
« *Pour moi, vous ne souffrez pas encore assez ! Car c'est de vous que vous souffrez, vous n'avez pas encore souffert de l'homme.* » (p.336)
Après quoi il ajoute :
« *Désapprenez donc ce "pour", vous qui créez : votre vertu précisément veut que vous ne fassiez nulle chose avec "pour", et "à cause de", et "parce que". Il faut que vous vous bouchiez les oreilles contre ces petits mots faux.* » (p.339)
Certes, nous sommes loin des légendes anciennes, mais nous trouvons ici nombre d'allusions aux mêmes problèmes que ceux qui sont évoqués en parlant d'Hermès. Le contexte est différent et l'œuvre de Nietzsche mériterait d'être considérée

dans son ensemble. Disons qu'il nous aide, à sa façon, à ressentir la présence d'Hermès chez un de nos contemporains.

Je reste persuadé qu'Hermès est la divinité qui fut la moins comprise parce qu'elle fut confrontée à l'esprit alors qu'il est la puissance de la matière et qu'aucune idée ne pourra jamais l'expliquer totalement.

BIBLIOGRAPHIE

ALAIN *Les dieux, suivi de mythes et fables et de préliminaires à la mythologie*. Paris, Gallimard, 1985.
AUROBINDO *Le secret du Véda*. Paris, Fayard, 1975.
AUROBINDO *De la Grèce à l'Inde*. Paris, A. Michel, 1976.
AUROBINDO *Renaissance et Karma*. Monaco, E. du Rocher, 1983.
BACHELARD G. *L'eau et les rêves, essai sur l'imagination de la matière*. Paris, J. Corti, 1942.
BACHELARD G. *L'air et les songes, essai sur l'imagination du mouvement*. Paris, J. Corti, 1943.
BACHELARD G. *La terre et les rêveries du repos*. Paris, J. Corti, 1948.
BACHELARD G. *La psychanalyse du feu*. Paris, Gallimard, 1949.
BARDOLLET L. *Les mythes, les dieux et l'homme. Essai sur la poésie homérique*. Paris, Les belles lettres, 1997.
BELFIORE J. Cl. *Dictionnaire des croyances et symboles de l'Antiquité*. Paris, Larousse, 2010.
BENOIST L. *Signes, symboles et mythes*. Paris, PUF, 2011.
BERTRAM É. *Nietzsche. Essai de mythologie*. Paris, Rieder, 1932.
BERGSON H. *L'énergie spirituelle*. Paris, PUF, 1919.
BOYER P. *Et l'homme créa les dieux. Comment expliquer la religion*. Paris, Gallimard, 2001.
BRÉHIER É. *Histoire de la philosophie. Tome I/ Antiquité et Moyen Âge*. Paris, PUF, 1987.
BROSSE J. *Mythologie des arbres*. Paris, Payot, 2001.
BROSSE TH. Dr. *La « Conscience Énergie » structure de l'homme et de l'univers*. Sisteron, Aubard, 1984.
BRUNTON P. *Le sentier caché. Méthode pour la découverte spirituelle de soi-même*. Paris, Victor Attinger, sd.

BURKERT W. *Les cultes à mystères dans l'Antiquité*. Paris, Les Belles Lettres, 2003.
CAILLOIS R. *Le mythe et l'homme*. Paris, Gallimard, 1938.
CAILLOIS R. *L'homme et le sacré*. Paris, Gallimard, 1950.
CARBONNIÈRES PH.de *Olympie. La victoire pour les dieux*. Paris, CNRS, 1995.
CHEVALIER J., GHEERBRANT A. *Dictionnaire des Symboles*. Paris, R. Laffont, 1982.
CHUVIN P. *La mythologie grecque. Du premier homme à l'apothéose d'Héraclès*. Paris, Flammarion, 1998 (1ère Édition, Fayard, 1992).
COMTE F. *Les héros mythiques et l'homme de toujours*. Paris, Seuil, 1993.
DARAKI M. *Dionysos et la déesse terre*. Paris, Flammarion, 1994.
DAVY M. M. *L'homme intérieur et ses métamorphoses*. Paris, A. Michel, 2005.
DAVY M. M. DESJARDINS A. MORIN E. RANDOM M. *L'Orient intérieur*. Paris, A. Michel, 1998.
DESJARDINS A. *À la recherche du soi : au-delà du moi*. Paris, La Table Ronde, 1979.
DETIENNE M. *L'invention de la mythologie*. Paris, Gallimard, 1981.
DETIENNE M. *Dionysos à ciel ouvert*. Paris, Hachette 1998.
DETIENNE M. *Les Grecs et nous.* Paris, Perrin, 2005.
DETIENNE M. *Les dieux d'Orphée*. Paris, Gallimard, 2007.
DETIENNE M. *Les jardins d'Adonis*. Paris, Gallimard, 2007.
DIEL P. *La divinité. Le symbole et sa signification*. Paris, Payot, 1991.
DIEL P. *Le symbolisme dans la mythologie grecque*. Paris, Payot et Rivages, 2002.
DIODORE DE SICILE *Mythologie des Grecs*. Paris, Les belles lettres, 2004.
DODDS E. R. *Les Grecs et l'irrationnel*. Paris, Flammarion, 1977.
DROZ G. *Les mythes platoniciens*. Paris, Seuil, 1992.
DUBUISSON D. DUMEZIL, LÉVI-STRAUSS, ELIADE M. *Mythologies du XXe siècle*. P.U.Lille, 1993.

DUMEZIL G. *Mythes et dieux des Indo-Européens.* Paris, Flammarion, 1992.
EISSEN A. *Les mythes grecs.* Paris, Belin, 1993.
ELIADE M. *Mythes, rêves et mystères.* Paris, Gallimard, 1957.
ELIADE M. *La nostalgie des origines.* Paris, Gallimard, 1969.
ELIADE M. *Le mythe de l'éternel retour.* Paris, Gallimard, 1969.
EMMANUEL R. *Pleins feux sur la Grèce Antique. La mythologie vue par les Écoles des Mystères.* Paris, R. André, 1963.
FROGER J. F. *La voie du désir selon le mythe « éros et psyché ».* Nouvellement traduit du latin par B. Verten. Méolans-Revel, Désiris, 1997.
GERNET L. *Anthropologie de la Grèce antique.* Paris, Flammarion, 1995.
GLEICK J. *La théorie du chaos. Vers une nouvelle science.* Paris, A. Michel, 1989.
GRANT M. HAZEL J. *Le Who's Who de la mythologie. Les dieux, les héros, les légendes.* Paris, Seghers, 1975.
GRIMAL P. *Dictionnaire de la mythologie grecque et romaine.* Paris, PUF, 1991 (11e édition).
GRIMAL P. *La mythologie grecque.* Paris, PUF, Quadrige, 2011 (1953).
GUSDORF G. *Mythe et métaphysique. Introduction à la philosophie.* Paris, Flammarion, 1984.
HERBERT J. *Spiritualité hindoue.* Paris, A. Michel 1972.
HERRIGEL E. *Le zen dans l'art chevaleresque du tir à l'arc.* Paris, Dervy-Livres, 1983.
HÉSIODE *Théogonie. La naissance des dieux. Précédé d'un essai de J. P. Vernant.* Paris, Flammarion, 1993.
HÉSIODE *La théogonie, Les travaux et les jours, et autres poèmes.* Paris, Librairie Générale de France, 1999.
HIÉROCLÈS *Commentaires sur les vers d'or des Pythagoriciens.* Traduction avec prolégomènes et notes de Mario Meunier. Paris, E. de la Maisnie, 1979.
HISTORIA Spécial *Le monde d'Ulysse.* Janvier Février 2010.
HOMÈRE *Odyssée.* Préface de Paul Claudel. Paris, Gallimard, 1955.

HOMÈRE *Iliade*. Préface Vidal-Naquet. Paris, Gallimard, 1975.
HOMÈRE *Des héros et des dieux*. Traduction F. Rosso. Paris, Arléa, 1993.
JACQUEMARD S., BROSSE J. *Orphée ou l'initiation mystique*. Paris, Bayard, 1998.
JUNG C. G. *L'âme et la vie*. Introduction de M. Cazenave. Préface de J. Jacobi. Paris, Buchet/Chastel, 1963.
JUNG C. G. *L'homme à la recherche de son âme*. Préface et adaptation du Dr R. Cahen. Paris, A. Michel, 1987.
JUNG C. G. *La vie symbolique. Psychologie et vie religieuse*. Paris, A. Michel, 1989.
JUNG C. G., KERENYI Ch. *Introduction à l'essence de la mythologie*. Paris, Payot, 2001.
LACARIÈRE J. *Au cœur des mythologies*. Édition du Félin, 1998.
LERÈDE J. *Les troupeaux de l'aurore. Mythes, suggestion créatrice et éveil surconscient*. Paris, Delachaux et Niestle, 1980.
LÉVÊQUE P. *L'aventure grecque*. Paris, A. Colin, 1964.
LÉVÊQUE P. *Introduction aux premières religions. Bêtes, Dieux et Hommes*. Paris, Le Livre de Poche, 1997.
MAETERLINCK M. *La mort*. Miré, Presses d'ACTI 3000, 2001.
MARROU H. I. *Histoire de l'éducation dans l'Antiquité*. Paris, Seuil, 1865.
MORIN Ed. *L'homme et la mort*. Paris, Seuil, 1976.
MOSSE CL. *La Grèce archaïque d'Homère à Eschyle*. Paris, Seuil, 1984.
MULLER M. *Mythologie comparée*. Édition établie, présentée et annotée par Pierre Brunel. Paris, R. Laffont, 2002.
NIETZSCHE F. *Ainsi parlait Zarathoustra*. Paris, Mercure de France, 1946.
NIETZSCHE F. *Par delà le bien et le mal*. Paris, Mercure de France.
NIETZSCHE F. *La volonté de puissance*. Paris, Le livre de Poche, 1991.
OTTO R. *Le Sacré*. Paris, Payot, 1995.

OTTO W. *Les dieux de la Grèce*. Préface de M. Détienne. Paris, Payot et Rivages, 1993.
OVIDE *Les métamorphoses*. Paris, Garnier Frères, 1966.
PERRIER J. *L'origine du monde dans les traditions. Cosmogonies universelles et mythes sacrés*. Paris, G. Trédaniel, 1996.
PERRIN J. *L'origine du monde dans les traditions. Cosmogonies universelles et mythes sacrés*. Paris, G. Trédaniel, 1996.
PETER L. *Atlas du monde grec*. Amsterdam, Éditions du Fanal, 1986.
PINDARE *Œuvres complètes*. Traduites du grec et présentées par J. P. Savignac. Paris, Éditions de la Différence, 1990.
PLATON *Le Banquet. Phèdre*. Paris, Flammarion, 1964.
PLATON *La République*. Paris, Denoël/Gonthier, 1983.
PLATON *Apologie de Socrate. Criton*. Paris, Pocket, 1994.
RAHULA W. *L'enseignement du Bouddha*. Paris, Seuil, 1961.
RICHIR M. *La naissance des dieux*. Paris, Hachette, 1998.
ROUGEMONT D. *Les mythes de l'amour*. Paris, A. Michel, 1996.
SALLES C. *Quand les dieux parlaient aux hommes. Introduction aux mythologies grecque et romaine*. Paris, Tallandier, 2003.
SCHNETZLER J. P. *De la mort à la vie. Dialogue Orient Occident sur la transmigration*. Paris, Dervy-Livres, 1995.
SCHNETZLER J. P. *Corps, Âme, Esprit par un bouddhiste*. Grenoble, Le Mercure Dauphinois, 2002.
SCHURE Ed. *L'évolution divine du Sphinx au Christ*. Monaco, Éditions du Rocher, 1981.
SCHURE Ed *Les Grands Initiés*. Paris, Pocket, 1983.
SOUZENELLE A. *L'arc et les flèches. Merveilles de l'Éros*. Paris, A. Michel, 2003.
TRUNGPA Ch. *Pratique de la voie tibétaine. Au-delà du matérialisme spirituel*. Paris, Seuil 1976.
TRUNGPA Ch. *Le mythe de la liberté et la voie de la méditation*. Paris, Seuil, 1979.
TRUNGPA Ch. *Shambhala. La voie du guerrier*. Paris, Seuil, 1990.

THUILLIER J. P. *Les jeux athlétiques dans la civilisation étrusque.* Paris, Diffusion de Boccard, 1985.
VERNANT J. P. *Mythe et société en Grèce ancienne.* Paris, F. Maspéro, 1981.
VERNANT J. P. *Mythe et religion en Grèce ancienne.* Paris, Seuil, 1990.
VERNANT J. P. L'Univers. *Les Dieux. Les Hommes.* Paris, Seuil, 1999.
VERNANT J. P. *Ulysse suivi de Persée.* Paris, Bayard, 2004.
VERNANT J. P. *Pandora, la première femme.* Paris, Bayard, 2006.
VEYNE P. *Les Grecs ont-ils cru à leurs mythes.* Paris, Seuil, 1983.
WEBER M. *Sociologie des religions.* Paris, Gallimard, 2000.
ZIMMER H. *Le roi et le cadavre.* Paris, Fayard, 1972.

TABLE DES MATIÈRES

Un flûtiste aimé de tous   p.5
Un bébé espiègle   p.29
Un dieu invisible   p.53
Aux carrefours de la vie   p.71
Hermès psychopompe   p.85
Hermès et Aphrodite   p.99
Le contraire du surhomme   p.113
Bibliographie   p.145

L'HARMATTAN ITALIA
Via Degli Artisti 15; 10124 Torino
harmattan.italia@gmail.com

L'HARMATTAN HONGRIE
Könyvesbolt ; Kossuth L. u. 14-16
1053 Budapest

L'HARMATTAN KINSHASA
185, avenue Nyangwe
Commune de Lingwala
Kinshasa, R.D. Congo
(00243) 998697603 ou (00243) 999229662

L'HARMATTAN CONGO
67, av. E. P. Lumumba
Bât. – Congo Pharmacie (Bib. Nat.)
BP2874 Brazzaville
harmattan.congo@yahoo.fr

L'HARMATTAN GUINÉE
Almamya Rue KA 028, en face
du restaurant Le Cèdre
OKB agency BP 3470 Conakry
(00224) 657 20 85 08 / 664 28 91 96
harmattanguinee@yahoo.fr

L'HARMATTAN MALI
Rue 73, Porte 536, Niamakoro,
Cité Unicef, Bamako
Tél. 00 (223) 20205724 / +(223) 76378082
poudiougopaul@yahoo.fr
pp.harmattan@gmail.com

L'HARMATTAN CAMEROUN
BP 11486
Face à la SNI, immeuble Don Bosco
Yaoundé
(00237) 99 76 61 66
harmattancam@yahoo.fr

L'HARMATTAN CÔTE D'IVOIRE
Résidence Karl / cité des arts
Abidjan-Cocody 03 BP 1588 Abidjan 03
(00225) 05 77 87 31
etien_nda@yahoo.fr

L'HARMATTAN BURKINA
Penou Achille Some
Ouagadougou
(+226) 70 26 88 27

L'HARMATTAN SÉNÉGAL
10 VDN en face Mermoz, après le pont de Fann
BP 45034 Dakar Fann
33 825 98 58 / 33 860 9858
senharmattan@gmail.com / senlibraire@gmail.com
www.harmattansenegal.com

L'HARMATTAN BÉNIN
ISOR-BENIN
01 BP 359 COTONOU-RP
Quartier Gbèdjromèdé,
Rue Agbélenco, Lot 1247 I
Tél : 00 229 21 32 53 79
christian_dablaka123@yahoo.fr

Achevé d'imprimer par Corlet Numérique - 14110 Condé-sur-Noireau
N° d'Imprimeur : 127769 - Dépôt légal : avril 2016 - *Imprimé en France*